Fermentieren wird immer beliebter

Fermentieren und milchsauer vergären, zwei Begriffe, die das Gleiche bedeuten: Konservieren durch Vergären mit Milchsäurebakterien.

Es freut mich zu sehen, wie das steigende Interesse an gesunder Ernährung dieser klassischen Konservierungsmethode zu immer mehr Fans verholfen hat. Mit meinem Buch möchte ich Sie dazu motivieren, mit dem Fermentieren anzufangen. Gerne gebe ich meine über die Jahre gemachten Erfahrungen weiter, um Ihnen zu zeigen, dass das Fermentieren, auch in einem Kleinhaushalt, schnell und ohne zusätzliche Gerätschaften möglich ist. Die Rezepte sind einfach und gut nachvollziehbar.

Fermentieren ist so einfach, sorgt für wichtige Pluspunkte bei der gesunden Ernährung, schmeckt gut und bringt Abwechslung bei der Nahrungszubereitung.

Viel Spaß und gesundes Genießen!

Ihre Johanna Handschmann

Johanna Handschmann

Gemüse & Salat fermentieren

Die besten Rezepte
für milchsauer Eingelegtes

Bassermann

Inhalt

Eine traditionelle Konservierungsmethode

Seit Generationen ernähren sich ganze Völker zu einem großen Teil mit milchsauer vergorenen Lebensmitteln. Sie decken damit ihren Bedarf an lebenswichtigen Vitaminen, Mineralstoffen, Spurenelementen und fördern gleichzeitig eine gesunde Darmflora. Diese spielt für das Wohlbefinden der Menschen eine große Rolle.

Fermentieren bezieht sich nicht nur auf die Vergärung von Gemüse. Neben Gemüse werden auch andere Nahrungsmittel durch Fermentieren hergestellt, z. B. Sojasauce, Essig, Wein, Bier, Kombucha-Tee, Käse sowie Sauerteigbrot mit langer Teigführung.

Aus Zucker wird Milchsäure

Verantwortlich für die Fermentierung sind lebende Milchsäurebakterien, die sich von Natur aus auf dem Gemüse befinden. Der Prozess setzt spontan ein, wenn dem Gemüse durch Salzzugabe Wasser entzogen wird. Beim Sauerkraut wird dies noch durch Stampfen des Weißkohls beschleunigt. In diesem feuchten, sauerstofffreien Klima fangen die Milchsäurebakterien (Laktobazillen) an, sich zu vermehren.

Die Energie für ihre Stoffwechselaktivität gewinnen sie durch Umwandlung der gemüseeigenen Kohlenhydrate (Zucker) in Milchsäure. Dadurch wird das Lebensmittel säuerlich. In diesem sauren Milieu, der pH-Wert liegt bei ca. 4, können sauerstoffabhängige Krankheitskeime, Schimmelpilze und Fäulnisbakterien nicht mehr wachsen. Das Gemüse produziert mit Hilfe der Milchsäurebakterien seinen eigenen Konservierungsstoff: die Milchsäure. Gleichzeitig sorgt diese Säure auch für den pikanten Geschmack.

Neben Milchsäure entstehen bei der Gärung auch Kohlendioxid (CO_2), Aromastoffe und geringe Mengen Alkohol. Ein geniales Wunderwerk der Natur.

Ablauf der Gärung

START

- die Gärgefäße stehen schattig bei Raumtemperatur
- Beginn der Bläschenbildung
- die Farben sind noch frisch
- Beginn einer leichten Trübung

HAUPTGÄRUNG

- starke Bläschenbildung
- starke Trübung
- durch die starke CO_2-Bildung (Bläschen) tritt Flüssigkeit aus, die Gärgefäße daher am besten auf ein Tablett stellen
- Deckel müssen jetzt alle ein bis zwei Tage zum Druckabbau kurz geöffnet werden. Bei Folie ist das meist nicht nötig.

ENDE

- die Trübung geht zurück
- die Farben vom Gemüse sind etwas blasser
- keine Bläschenbildung mehr
- die Gärgefäße werden fest verschlossen
- und bekommen ein Etikett mit Datum und Inhaltsangabe
- für die weitere Lagerung kommen die Gärgefäße in den Kühlschrank oder in den kühlen Keller (10–12 °C)

Ablauf der Gärung

- Die Milchsäuregärung beginnt normalerweise schon nach wenigen Stunden. Man erkennt dies daran, dass sich die Flüssigkeit eintrübt und sich aufsteigende Bläschen bilden. Je nach Gemüseart, Reifezustand der Ausgangsware und Umgebungstemperatur dauert die Hauptgärung 2 bis 12 Tage. Die Gärung läuft am schnellsten bei einer Umgebungstemperatur von 20 bis 25 °C ab. Die Gläser sollten an einem schattigen Platz stehen.

- Das bei der Gärung entstehende Gas (Kohlendioxid) bewirkt, dass sich innerhalb der Gläser Druck aufbaut. Dadurch kann etwas Flüssigkeit aus den Gefäßen austreten, deshalb sollte man die Gläser während dieser Zeit auf Untersetzer oder ein Tablett stellen. Um den Druck abzubauen, sollten bei Verwendung von festsitzenden Deckeln während der Hauptgärung (Blasenbildung) alle 1 bis 2 Tagen die Deckel der Gärgläser einmal vorsichtig für ganz kurze Zeit geöffnet werden – es macht einen hörbaren »Blubb« – dann verschließt man sie sofort wieder, damit kein weiterer Sauerstoff eindringt. Bei Verwendung von Frischhaltefolie ist das meist nicht nötig.

- Die Hauptgärung ist zu Ende, wenn keine Bläschen mehr zu sehen sind und sich die Flüssigkeit wieder klärt. Jetzt können die Gemüse nachgären, wobei das Aroma weiter abgerundet wird. Das Gemüse hat die Gärung etwas an Farbe verloren. Wenn der Gärprozess abgeschlossen ist, schließen Sie die Gläser und beschriften Sie sie mit Inhalt und Datum. Die fermentierten Gemüse anschließend an einem kühlen Ort, z. B. im Kühlschrank oder Keller, bei 10 bis 12 °C aufbewahren.

- Entnehmen Sie das Gemüse immer mit einem sauberen Besteck, damit keine Fremdkeime in das Gemüse kommen können. Drücken Sie das restliche Gemüse wieder fest ins Glas, sodass die Oberfläche mit der Flüssigkeit bedeckt ist. Reicht die Flüssigkeit nicht mehr aus, gießen Sie Salzlake nach.

Arbeitsgeräte

Vor der Verwendung alles gründlich mit heißem Wasser reinigen!

- **Zum Zerkleinern** von kleinen Gemüsemengen: Messer oder Handreibe oder Multizerkleinerer, für größere Gemüsemengen, etwa für Weißkohl: größerer Gemüsehobel oder Küchenmaschine

- **Zum Einstampfen** von Gemüse: Stampfer aus Holz, für kleine Mengen Gemüse: in einer Schüssel mit der Faust stampfen, dann in die Gläser füllen und mit einem Esslöffel eindrücken, bis Saft austritt. Als Stampfer kann auch ein schmales hohes mit Wasser gefülltes kräftiges Glasgefäß oder eine schlanke Flasche dienen.

- **Gärgefäße** Für kleinere Mengen können Sie alle Arten von Gläsern mit Schraubdeckeln, Klappdeckeln oder normale Einmachgläser verwenden: Ideale Haushaltsgrößen reichen von 200 ml bis 1 Liter. Sollten die Schraubdeckel nicht mehr glatt beschichtet sein, kann man diese einzeln nachkaufen.

- **Abstandhalter** sind wichtig, um das Gemüse beim Gärvorgang nach unten zu drücken, damit es immer von der Flüssigkeit bedeckt ist und nicht mit Sauerstoff in Berührung kommt. Dafür können Sie kleine Gläser, wie z. B. Marmeladengläschen, Weinprobier- oder Schnapsgläser, kleine Muffin-Silikonformen, abgeschnittene Joghurtbecher oder Messbecher aus Arzneipackungen nehmen. Allerdings müssen diese säureresistent und lebensmittelgeeignet sein.

Nur 3 Zutaten

GEMÜSE

- Grundsätzlich kann man alle Gemüsearten fermentieren, doch nicht alle Sorten vergären gleich gut. Die in diesem Buch vorgestellten Gemüse sind alle gut geeignet.
- Verwenden Sie immer nur einwandfreies Gemüse ohne Schadstellen, am besten in Bio-Qualität.
- Das Gemüse sollte absolut frisch sein, damit es den optimalen Vitamingehalt liefern kann.
- Neben Gemüse können in kleineren Mengen auch Früchte mit fermentiert werden.

SALZ

- Verwenden Sie unraffiniertes Salz ohne Rieselhilfen und Zusatzstoffe (Jod, Fluorid, Folsäure) wie z. B. Meersalz oder natürliches Steinsalz.
- Die Salzmenge richtet sich nach der Art des Gemüses und liegt idealerweise zwischen 2 % und 3 %. Diese Konzentrationen sorgen für eine gute Fermentation und ein ausgewogenes Aroma. Siehe auch Seite 15.

SAFT ODER WASSER

- Wenn der aus dem Gemüse austretende Saft nicht ausreicht, um das Gemüse zu bedecken, muss Wasser zugegeben werden. Dieses sollte möglichst kalk- und chlorfrei sein. Daher das Wasser vorher filtern oder abkochen und einige Stunden stehen lassen, bis sich der Kalk abgesetzt hat.

Zum Aromatisieren können Sie viele **Gewürze** verwenden, z. B. Kräuterzweige, Senfkörner, Pfefferkörner, Dill- oder Kümmelsamen, Knoblauchzehen, frische Ingwer-, Kurkuma- oder Meerrettichscheiben, Chili, getrocknete Algen und viele andere Gewürzpulver oder -mischungen.

Starten Sie Ihre ersten Versuche mit kleinen Portionen. Sie werden feststellen, dass es schnell und einfach geht.

Die Arbeitsschritte

ARBEITSGERÄTE VORBEREITEN

- Gärgefäß, Deckel, Abstandhalter und andere Arbeitsgeräte mit heißem Wasser spülen und auf einem frischen Geschirrtuch abtropfen lassen.

GEMÜSE VORBEREITEN

- Gemüse gründlich waschen, putzen und zerkleinern.
- Kleine Gemüse wie Minigurken oder Kirschtomaten im Ganzen lassen.
- Gemüse mit harter Struktur, wie zum Beispiel Weißkohl, sollte man sehr fein schneiden oder hobeln, damit der Saft leichter austreten kann.
- Weiche Gemüse wie Zucchini und Auberginen in größere Stücke schneiden, damit sie nach der Gärung nicht zerfallen.

GÄRGEFÄSS FÜLLEN UND SALZZUGABE

- Das Gemüse in einer Schüssel nach Rezept mit Salz mischen, etwas kneten oder stampfen, damit die Zellstruktur gelockert wird und Saft austritt. Gewürze dazugeben, leicht stampfen.
- Das Gemüse in die Gärgefäße füllen, dabei nur so hoch auffüllen, dass nach dem Stampfen oder Festdrücken unter dem Rand ein Gärraum von etwa 4 cm frei bleibt, damit bei der Gärung nicht zu viel Flüssigkeit aus den Gefäßen austritt.
- Das Gemüse mit einem Stampfer, der Faust oder einem festen Löffel gründlich in das Gefäß drücken, bis es zum Saftaustritt kommt. Oder das Gemüse mit einer Salzlake aufgießen, siehe Seite 15.
- Beim Auffüllen großer Gärgefäße oder Tontöpfe gibt man das Salz oder die Salzlake lagenweise dazu.
- Unbedingt darauf achten, dass die Flüssigkeit das Gemüse vollständig bedeckt. So kommt kein Sauerstoff ans Gemüse, das verhindert Verderbnis.

ABSTANDHALTER EINSETZEN

- Durch das bei der Fermentation entstehende Gas wird das Gärgut nach oben gedrückt. Um zu verhindern, dass es dabei nicht mehr mit Lake bedeckt ist, muss es durch einen Abstandhalter nach unten gedrückt werden:
- Sie brauchen als Abstandhalter zum Beispiel ein kleines Glas (Alternativen siehe Seite 10), das in die Öffnung des Gärgefäßes passt. Füllen Sie den Abstandhalter zur Hälfte mit Wasser und setzen ihn auf das Gemüse.
- Pürierte Gemüsemischungen lassen sich nicht gut mit einem Abstandhalter nach unten drücken, daher sollten sie einmal täglich mit einem Löffel nach unten gedrückt oder umgerührt werden.

GLÄSER SCHLIESSEN

- Das Gärgefäß mit Folie oder Deckel locker verschließen. Bei Klappdeckelgläsern diese nicht fest verschließen.

LAGERUNG

- Die Gärung bei Zimmertemperatur starten. Die Gärgefäße in dieser Zeit auf ein wasserfestes Tablett oder die Spüle stellen, da beim Gären Flüssigkeit austreten kann, siehe Foto rechts.
- Während der Hauptgärung die Gärgefäße alle ein bis zwei Tage zum Druckabbau kurz öffnen.
- Nach der Hauptgärung sollten die fermentierten Gemüse im Keller oder im Kühlschrank kühl gelagert werden.

Verschluss mit Folie oder Deckel

Methode mit Folie: Setzen Sie den zur Hälfte mit Wasser gefüllten Abstandhalter nun auf das Gemüse, er darf dabei 1 bis 2 cm über den Rand des Gärglases stehen. Legen Sie ein etwa 10 bis 15 cm breites Stück Klarsichtfolie über die beiden Gläser, dabei die überstehende Folie an das Gärglas streichen. Ein Gummiband über die Folie ziehen und in die untere Rille des Gewindes am Gärglas ziehen.

Bei dieser Methode kann man den Gärvorgang sehr gut kontrollieren: Wenn die Folie durch Wölbung starken Druck zeigt, kann durch leichtes Anheben der Folie etwas Gas abgelassen werden. Meist ist dies jedoch nicht nötig, da das Gas durch den Rand der Folie entweichen kann. Wenn die Gärung beendet ist, lässt die Spannung in der Folie nach. Das Glas kann jetzt in den Kühlschrank wandern. Die Folie kann als Verschluss bleiben, bis das erste Mal Gemüse entnommen wird, dann das Glas mit einem passenden Deckel verschließen. Dadurch werden auch die Deckel geschont, da sie bei der Gärung durch die Säure angegriffen werden könnten.

Methode mit Schraub- oder Klappdeckel: Wenn Sie während der Gärphase Schraub- oder Klappdeckel verwenden, drücken Sie die Abstandhalter unter den Rand des Gärgefäßes und verschließen Sie den Deckel nur locker, so dass der Abstandhalter nach unten gedrückt wird und das Gemüse mit Lake bedeckt ist.

Salzlake und Fermentierlake

Salzlake: Salz ist wesentlich. In der Regel beträgt die Salzkonzentration 2 % bei härteren Gemüsesorten oder 3 % bei weicheren. Die Salzzugabe kann entweder direkt erfolgen, d.h. die benötigte Salzmenge wird mit dem Gemüse gemischt, oder sie geschieht mit einer Wasser-Salz-Lösung, der Salzlake. Das Wasser sollte möglichst vorher gefiltert oder abgekocht und einige Stunden stehen gelassen werden, bis sich der Kalk abgesetzt hat.

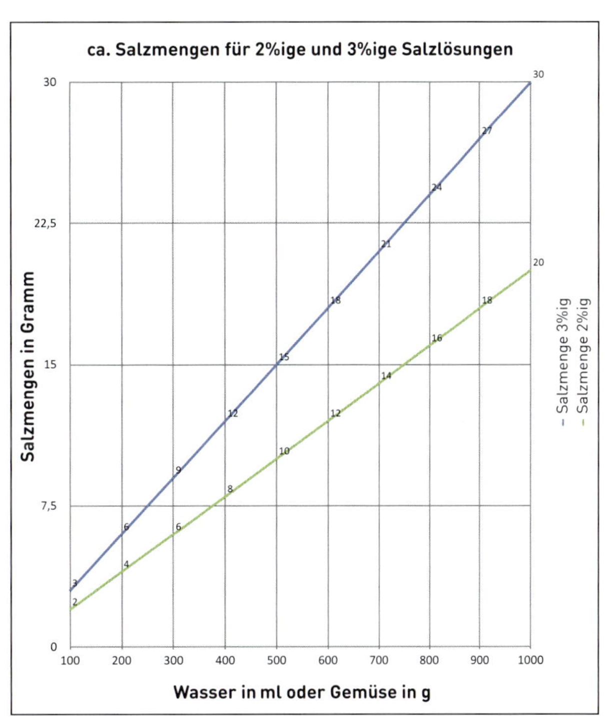

Auf 100 ml Wasser sind das 2 g bzw. 3 g Salz (siehe Grafik). Wenn Sie ohne Salzlake arbeiten wollen, wiegen Sie das Gemüse ab und nehmen die in der Grafik angegebene Menge Salz, bei 500 g Gemüse also 10 g Salz, das entspricht der 2%igen Salzlösung, oder 15 g, entsprechend der 3%igen Lösung. Bei weichen Gemüsesorten sollte die Salzkonzentration höher sein, damit das Gemüse nicht zu weich wird.

Ich empfehle, eine 2- und/oder 3-prozentige Salzlake als Vorrat anzusetzen, damit in Minutenschnelle kleine Gemüsefermente angesetzt werden können. Die Salzlaken dienen auch zum Auffüllen der Gärgefäße, wenn der Flüssigkeitspegel zu gering geworden ist und das Gemüse nicht mehr bedeckt.

Fermentierlake (Restlake): Nach dem Aufbrauchen des fermentierten Gemüses bleibt immer etwas von der Lake übrig. Sammeln Sie die Fermentierlake in einer Flasche im Kühlschrank und verwenden Sie sie als Essigersatz. Sie können auch gleich Salatöl, Gewürze und Kräuter dazugeben, dann haben Sie immer eine perfekte Salatsauce zur Hand.

Die Vorteile des Fermentierens

- Für diese Form der Haltbarmachung ist kein Strom nötig.
- Fermentiertes Gemüse hilft Zeit zu sparen, denn sie sind bei der Zubereitung von Gerichten vielseitig einsetzbar.
- Die Fermentierungsprodukte sind lange, meist einige Monate haltbar.
- Die Fermentierung von Gemüse geht schnell und Sie brauchen dafür nur Gemüse, Salz, evtl. Zucker, Wasser und Gewürze.

- Fermentierte Gemüse gehören zu den probiotischen Lebensmitteln, siehe auch nächste Seite, und haben viele gesundheitlich wertvolle Wirkungen:
  - Die Gärung läuft bei Zimmertemperatur ab, dabei bleiben auch wärmeempfindliche Vitamine voll erhalten. Durch den Gärprozess wird der Gehalt mancher Vitamine sogar noch erhöht, z. B. Vitamin C, oder erst gebildet, z. B. Vitamin B12.
  - Das Fermentgemüse enthält die Wirkstoffe roher Gemüse (z. B. Vitamine, Mineralstoffe, Antioxidantien, also Radikalfänger, sekundäre Pflanzenstoffe), ist aber durch den Gärprozess deutlich leichter verdaulich. Daher werden fermentierte Gemüse auch von Personen mit empfindlichem Verdauungssystem in der Regel gut vertragen.
  - Die Milchsäure verbessert und stabilisiert die Darmflora. Deshalb ist der Verzehr von Fermentgemüse auch nach der Einnahme von Antibiotika zu empfehlen. Die Bakterien in den fermentierten Lebensmitteln unterdrücken das Wachstum krank machender Keime im Darm.
  - Milchsauer vergorene Gemüse unterstützen die Funktion der Magensäfte, fördern die Verdauung und wirken entzündungshemmend.
  - Die Milchsäurebakterien halten das Immunsystem in Schwung.
  - Die Milchsäure unterstützt die Funktion von Bauchspeicheldrüse und Leber.

Menschen mit einer Histaminintoleranz sollten vor dem Verzehr fermentierter Lebensmittel mit ihrer Ärztin/ihrem Arzt sprechen.

Probiotische Lebensmittel

Unter den Milliarden Bakterien, die den Dickdarm besiedeln, herrscht ein ewiger Kampf ums Überleben. Dabei ist das Gleichgewicht zwischen den guten Milchsäurebakterien und anderen, krankheitserregenden Mikroorganismen sehr labil. Doch mit den richtigen Lebensmitteln kann man diese Balance zugunsten der guten Bakterien verschieben. Um ihre gesundheitsfördernden Wirkungen entfalten zu können, müssen die Bakterien den Darm lebend erreichen, dürfen also nicht erhitzt werden. Sauerkraut aus der Dose ist erhitzt worden (pasteurisiert) und dadurch kein Ersatz für frisches. Die Lebensdauer der Bakterien beträgt jedoch nur einige Stunden oder Tage. Essen Sie daher jeden Tag fermentiertes Gemüse.

Die Milchsäurebakterien wirken optimal bei gleichzeitig ausreichender Aufnahme von Ballaststoffen, die im Gemüse reichlich enthalten sind. Wer zusätzlich Kartoffeln, Reis, Nudeln oder Hülsenfrüchte, gekocht und dann auf mindestens 50 °C abgekühlt, zu sich nimmt, verbessert noch einmal die Wirkung.

Wer täglich lebende Milchsäurebakterien zu sich nimmt*

- sorgt für eine gute Darmflora
- stärkt das Immunsystem
- beugt Entzündungen vor
- optimiert den Blutdruck
- verbessert den Cholesterinspiegel
- stärkt die mentale Gesundheit

- verbessert das Hautbild
- behebt Verdauungsbeschwerden
- stärkt die Darmgesundheit
- sorgt für einen gesunden Magen
- unterstützt eine Diabetesbehandlung

*Die Studienlage zu Probiotika ist nicht einheitlich. Probiotische Lebensmittel werden aber von Ärzt*innen empfohlen.

Beginnen Sie mit kleinen Mengen, damit der Darm besser mit der neuen, gesunden Ernährung zurechtkommt.

Fermentiertes optimal in den Speiseplan integrieren

Um von der positiven Wirkung der milchsauer vergorenen Gemüse zu profitieren, sollten diese möglichst ohne Erhitzen verzehrt werden. Natürlich kann man z. B. Sauerkraut und Rotkraut auch erhitzen, dies sollte jedoch möglichst schonend geschehen. Der Vorteil ist dann auch, dass die fermentierten Kohlsorten schon quasi "vorgegart" sind und daher eine kürzere Kochzeit haben. Eine gute Kombination ist es auch, wenn man in gekochte Speisen zum Schluss noch fermentiertes Gemüse dazugibt, zum Beispiel bei Eintöpfen, Suppen, lauwarmen Salaten oder Bowls.

Die milchsauren Produkte sind gesund, haben aber einen sauren, pikanten und leicht salzigen Geschmack. Daher gilt es sie so zu kombinieren, dass die Säure nicht zu stark in Erscheinung tritt. Ich bevorzuge sie daher in Speisen, die etwas Säure benötigen, wie z. B. in Salaten oder Dips oder in Gemüsezubereitungen, wie Rotkraut. Dabei spare ich mir die Verwendung von Essig in diesen Gerichten. Auch Salz braucht man dann nur noch in geringen Mengen.

In jedem Kapitel gibt es auch einige Rezepte zur Verwendung der Fermente. Zusätzlich finden Sie im hinteren Buchdeckel eine Tabelle mit weiteren Tipps.

Gärfehler und Abhilfen

Sollte ein Ansatz **nicht mit der Gärung durchstarten**, d.h. nicht innerhalb von 2 Tagen Bläschen und Trübung zeigen, können Sie durch die Zugabe von milchsäurehaltigen Produkten die Gärung etwas ankurbeln. Dafür eignen sich z. B. 1 bis 2 EL Brottrunk, Molke (z. B. von Joghurt oder Kefir), Fermentierlake von einem bestehenden fermentierten Gemüse oder einige Tropfen rechtsdrehender Milchsäure aus Drogerie oder Apotheke. Diese Starter nicht gleich zu Beginn zugeben, damit die Gärung natürlich starten kann.

Das Gemüse kann **zu weich** werden, wenn die Gärung zu lange oder zu stark abläuft. Das Gemüse ist dann trotzdem essbar. Es lässt sich dann zum Beispiel auch zu Salatsaucen verarbeiten. Dafür das Gemüse fein pürieren und mit etwas Flüssigkeit glatt rühren.

Fermentierte Lebensmittel können bei längerer Lagerung **zu sauer** werden. Sie können diesen Vorgang stoppen, wenn Sie das fermentierte Gemüse einfrieren, um eine weitere Gärung zu verhindern.

Zeigen sich kleine **weiße Flöckchen** oder eine **dünne weiße Schicht** auf der Oberfläche, ist dies Kahmhefe, siehe Foto, die sich bei zu warmer Umgebungstemperatur bilden kann. Kahmhefe ist unproblematisch, kann aber den Geschmack verändern. Wenn sich Kahmhefe zeigt, was ab und zu am Ende der Gärung sein kann, diese mit einem Löffel abnehmen, Salzlake nachgießen, umrühren und das Glas wieder kühl stellen.

Wenn das fermentierte Gemüse **unangenehm riecht** oder einen flaumigen **Schimmelbefall** hat, darf es nicht mehr gegessen oder die Flüssigkeit verwendet werden! Um Verderb zu vermeiden, auf Sauberkeit bei der Vorbereitung achten: Geräte und Gläser mit kochend heißem Wasser spülen und Wurzelgemüse gut bürsten oder schälen, um Erdreste gründlich zu entfernen.

Rezepte von Seite 27 und 35

Schnelle Basisrezepte

Probieren Sie diese schnellen Rezepturen für einfache Zubereitungen. Die fermentierten Gemüse passen optimal zum Brot, als Ergänzung in einen gemischten Salat oder als Garnierung von Vorspeisen und Hauptgerichten. Es lohnt sich immer, 1 bis 2 milchsaure Basics im Kühlschrank vorrätig zu haben. Meine Favoriten sind Zwiebeln, Salatgurke, Radieschen und Stangensellerie.

Die fermentierten Basics

... und die Rezepte für ihre Verwendung

Zwiebeln

Ideal für schnelle Snacks, als Zutat für Marinaden, Salate, belegte Brötchen, Bratlinge, Burger, zu Räucherfisch, für Pizza oder Flammkuchen etc. Die fermentierten Zwiebeln sind weich, saftig und besser bekömmlich als rohe Zwiebeln. Kombitipp: Zu den Zwiebeln passen auch Lauch, Frühlingszwiebeln oder frische Gartenkräuter.

Arbeitszeit: 10 Minuten
Gärzeit: 2–3 Tage
Lagerzeit: 1–2 Monate

Gärgefäß: 1 Glas à 300 ml
Abstandhalter
250–300 g Zwiebeln, gerne gemischt: rote, weiße, Gemüsezwiebel, Schalotten
1 gestrichener TL Salz (5 g)
1 Prise Zucker
2%ige Salzlake zum Auf- und evtl. Nachfüllen
Gewürze nach Belieben: Kümmel-, Dill-, Fenchel-, Senf- oder Anissamen

1 Glas, Abstandhalter und Arbeitsgeräte heiß spülen und abtropfen lassen.

2 Die Zwiebeln schälen, halbieren und in feine (2–3 mm) Streifen schneiden oder würfeln und in eine Schüssel geben.

3 Mit Salz und Zucker vermischen und 15–30 Minuten ziehen lassen. Würzen Sie die Zwiebeln nach Belieben.

4 Die Zwiebeln ins Glas füllen und bis ca. 4 cm unter den Glasrand gut festdrücken, bis Saft austritt. Wenn nötig, noch etwas Salzlake angießen, bis die Flüssigkeit etwa 1 cm über den Zwiebeln steht.

5 Den Abstandhalter mit Wasser füllen, auf die Zwiebeln setzen, leicht andrücken und das Gärgefäß mit einem Schraubdeckel (locker) oder mit Folie (fest) verschließen.

6 2–3 Tage bei Zimmertemperatur fermentieren lassen. Einmal pro Tag den Deckel leicht öffnen und das Gas entweichen lassen. Danach in den Kühlschrank stellen.

Für einen **Flammkuchen** 2–3 EL fermentierte Zwiebeln mit 2–3 EL Crème fraîche oder Schmand vermischen und auf den Teigboden streichen, nach Belieben Speck oder Käse überstreuen.

Knackige Radieschen

Eine ideale Beilage zum belegten Brot oder als Salatergänzung.

Arbeitszeit: 10 Minuten
Gärzeit: 2–4 Tage
Lagerzeit: mindestens 6 Monate

Gärgefäß: 1 Glas à 300–400 ml
Abstandhalter
1 Bund Radieschen
1–2 Schalotten und/oder Knoblauchzehen
2%ige Salzlake

1 Glas, Abstandhalter und Arbeitsgeräte heiß spülen und abtropfen lassen.

2 Die Radieschen waschen, putzen, Herzblättchen stehen lassen. Große Radieschen halbieren, vierteln oder in Scheiben oder Stifte schneiden. Kleine Radieschen im Ganzen fermentieren.

3 Schalotten oder Knoblauch abziehen, in feine Scheiben schneiden.

4 Alle Zutaten bis ca. 4 cm unter den Glasrand in das Glas füllen und mit 2%iger Lake übergießen, bis die Flüssigkeit ca. 1 cm über dem Gemüse steht.

5 Den Abstandhalter mit Wasser füllen, auf die Radieschen setzen, leicht andrücken und das Gärgefäß mit einem Schraubdeckel (locker) oder mit Folie (fest) verschließen.

6 2–4 Tage bei Zimmertemperatur fermentieren lassen. Einmal pro Tag den Deckel leicht öffnen und das Gas entweichen lassen. Danach kühl stellen.

Roter Rettich mit Zwiebeln und Knoblauch

Eine wunderbare Ergänzung für schnelle Salate.

Arbeitszeit: 10 Minuten
Gärzeit: 2–4 Tage
Lagerzeit: mindestens 6 Monate

Gärgefäß: 1 Glas à 400 ml
Abstandhalter
1 mittelgroßer roter Rettich (etwa 250 g)
1–2 Schalotten und/ oder Knoblauchzehen
1 gestrichener TL Salz (5 g)
Gartenkräuter, z. B. Dill, Petersilie, Schnittlauch
2%ige Salzlake zum Auf- und evtl. Nachfüllen

1 Glas, Abstandhalter und Arbeitsgeräte heiß spülen und abtropfen lassen.

2 Den Rettich waschen und putzen, die Herzblättchen beiseitelegen. Den Rettich in feine Streifen hobeln, in eine Schüssel geben. ½ bis 1 TL Salz untermischen.

3 Schalotten oder Knoblauch abziehen und in feine Scheiben schneiden. Die Rettichblätter waschen und fein schneiden.

4 Alle Zutaten mischen, in das Glas füllen und bis ca. 4 cm unter den Glasrand fest einstampfen, bis Flüssigkeit austritt. Mit 2%iger Salzlake aufgießen, bis die Flüssigkeit etwa 1 cm über dem Gemüse steht.

5 Den Abstandhalter mit Wasser füllen, auf das Gemüse setzen, leicht andrücken und das Gärgefäß mit einem Schraubdeckel (locker) oder mit Folie (fest) verschließen.

6 2–4 Tage bei Zimmertemperatur fermentieren lassen. Einmal pro Tag den Deckel leicht öffnen und das Gas entweichen lassen. Danach kühl stellen.

Gurkenstifte

Grüne Gurken werden durch die Fermentierung bekömmlicher und stehen immer für kleine Snacks zur Verfügung. Als saftige und leicht verdauliche Salatbasis oder -beilage sind sie perfekt.

Arbeitszeit: 10 Minuten
Gärzeit: 1–3 Tage
Lagerzeit: 3–4 Wochen

Gärgefäß: 1 Glas à 300–400 ml
Abstandhalter
1 kleine Salatgurke, ca. 300 g
2 gestrichene TL Salz (10 g)
Gewürze: Dillsamen, Dillgrün oder andere Kräuter
3%ige Salzlake zum Auf- und Nachfüllen

1 Glas, Abstandhalter und Arbeitsgeräte heiß spülen und abtropfen lassen.

2 Die Gurke waschen und mit der Schale in feine Streifen hobeln. In eine kleine Schüssel geben, mit dem Salz vermischen und 30–60 Minuten ziehen lassen.

3 Die gesalzenen Gurken in ein Glas füllen. Mit einem Stampfer oder Löffel bis ca. 4 cm unter den Glasrand pressen, bis Saft austritt. Mit der Salzlake auffüllen, bis die Flüssigkeit etwa 1 cm über dem Gemüse steht.

4 Den Abstandhalter mit Wasser füllen, auf das Gemüse setzen, leicht andrücken und das Gärgefäß mit einem Schraubdeckel (locker) oder mit Folie (fest) verschließen. 1–3 Tage bei Zimmertemperatur fermentieren lassen. Einmal pro Tag den Deckel leicht öffnen und das Gas entweichen lassen. Dann im Kühlschrank aufbewahren.

Fermentierte Gurken sind etwa 1 Monat gut haltbar. Bei längerer Lagerung können diese fein geschnittenen Gurken zu weich werden. Sie sind dann zwar noch genießbar, verlieren aber an Geschmack, Konsistenz und Aussehen. Verwenden Sie sie in diesem Fall als cremige Basis für eine Salatsauce.

Stangensellerie

Eine sehr vielseitige Kombination, die als Basis für viele Salate, zum Brot oder, fein zerkleinert, als Gemüseeinlage in Suppe oder Schmorbratensauce eingesetzt werden kann.

Arbeitszeit: 10 Minuten
Gärzeit: 6–8 Tage
Lagerzeit: mindestens 4 Monate

Gärgefäß: 1 Glas à 500 ml
Abstandhalter
500 g Stangensellerie
1 gestrichenen TL Salz (5 g)
1–2 Schalotten und/ oder Knoblauchzehen
einige Sellerie- oder Petersilienblätter
einige rosa Pfefferbeeren oder 1 Messerspitze eingelegte Chilischote, Seite 30
2%ige Salzlake

1 Glas, Abstandhalter und Arbeitsgeräte heiß spülen und abtropfen lassen.

2 Die Selleriestangen waschen, mögliche Fäden abziehen und die Stangen in 5 mm breite Stücke schneiden. Diese in eine Schüssel geben und mit Salz vermischen. Schalotten oder Knoblauch abziehen, in Streifen schneiden und untermischen. Petersilien- und Sellerieblätter waschen und klein schneiden.

3 Alles zusammen mit den Kräutern und Pfefferbeeren in das Glas füllen und bis ca. 4 cm unter den Glasrand gut festdrücken. Mit der Salzlake auffüllen, bis die Flüssigkeit etwa 1 cm über dem Gemüse steht.

4 Den Abstandhalter mit Wasser füllen, auf das Gemüse setzen, leicht andrücken und das Gärgefäß mit einem Schraubdeckel (locker) oder mit Folie (fest) verschließen. 6–8 Tage bei Zimmertemperatur fermentieren lassen. Einmal pro Tag den Deckel leicht öffnen und das Gas entweichen lassen. Danach im Kühlschrank aufbewahren.

Die Selleriestangen passend zur Höhe des Glases in etwa 8–10 cm lange Stücke schneiden und diese dann noch ein- oder zweimal längs in dünnere Streifen schneiden. Die Streifen mit den Gewürzen senkrecht in das Glas schichten. Mit Lake begießen, Abstandhalter aufsetzen und fermentieren lassen.

Kirschtomaten mit mediterranen Kräutern

Eines meiner Lieblingsrezepte aus der Fermentierküche, da es superschnell vergärt und der Geschmack der fermentierten Tomaten mit dem Aroma von Rosmarin, Schalotten und Knoblauch einfach umwerfend ist! Es lohnt sich, im Sommer einen kleinen Vorrat für den Winter anzulegen.

Foto auf Seite 20
Arbeitszeit: 10 Minuten
Gärzeit: 2–5 Tage
Lagerzeit: mindestens 6 Monate

Gärgefäß: 1 Glas à 300–400 ml
Abstandhalter
250 g Kirschtomaten
1–2 kleine Schalotten und/oder Knoblauch
einige Rosmarin- oder Thymianzweige oder Basilikumblätter
2- oder 3%ige Salzlake

1 Glas, Abstandhalter und Arbeitsgeräte heiß spülen und abtropfen lassen.

2 Die Tomaten waschen, gegebenenfalls Stielansätze entfernen und die Tomaten mit einer Gabel oder Rouladennadel mehrfach einstechen.

3 Schalotten oder Knoblauch abziehen und längs in dünne Scheiben schneiden. Die Kräuter waschen und abtropfen lassen. Tomaten mit Schalotten und Kräutern in das Glas schichten, bis ca. 4 cm unter den Glasrand festdrücken und mit Lake auffüllen, bis die Tomaten ca. 1 cm hoch mit Lake bedeckt sind.

4 Den Abstandhalter mit Wasser füllen, auf die Tomaten setzen, leicht andrücken und das Gärgefäß mit einem Schraubdeckel (locker) oder mit Folie (fest) verschließen. 2–5 Tage vergären lassen. Einmal pro Tag den Deckel leicht öffnen und das Gas entweichen lassen. Dann im Kühlschrank aufbewahren.

Bei eingelegten Tomaten kann sich leicht ein weißer Kahmhefebelag bilden, wenn sie nach der Gärung zu warm gelagert werden. Dieser ist nicht schädlich, kann aber den Geschmack etwas beeinträchtigen. Diesen Belag mit einem Löffel entfernen, das Gemüse umrühren, mit frischer Lake wieder auffüllen und das Glas kühl stellen.

Schneller Salat-Mix

Wenn Sie nicht so viele einzelne Fermente zubereiten möchten, bereiten Sie Ihren persönlichen Salat-Mix aus Ihren Lieblingsgemüsen zu. Die genannten Zutaten sind Beispiele für eine bunte Mischung.

Arbeitszeit: 10 Minuten
Gärzeit: 3–4 Tage
Lagerzeit: mindestens 3 Monate

Gärgefäß: 1 Glas à 500–600 ml
Abstandhalter
1–2 rote Zwiebeln
1–2 Schalotten
1 Knoblauchzehe
5 cm Salatgurke
5 cm Rettich oder einige Radieschen
5 cm Möhre
1 Selleriestange
1–2 Chinakohl- oder Salatblätter, z. B. Endivie oder Radicchio
1 kleiner Chicorée
2–3 gestrichene TL Salz (10–15 g)
1 TL Senfkörner
1 TL rosa Pfeffer
2%ige Salzlake zum Auf- und Nachfüllen

1 Glas, Abstandhalter und Arbeitsgeräte heiß spülen und abtropfen lassen.

2 Zwiebeln, Schalotten und Knoblauch schälen, halbieren und in feine (2 mm) Streifen oder Würfel hobeln/schneiden und in eine kleine Schüssel geben. Gurke, Rettich, Möhre und Selleriestange waschen, putzen, fein raspeln oder schneiden und dazugeben.

3 Chinakohl oder Salatblätter waschen, in feine Streifen schneiden und dazugeben. Mit dem Salz vermischen und 15–30 Minuten ziehen lassen.

4 Die marinierte Gemüsemischung mit den Senf- und Pfefferkörnern in das Glas füllen und bis ca. 4 cm unter den Glasrand gut festdrücken, bis Saft austritt. Wenn nötig noch etwas Lake angießen, bis sie etwa 1 cm über dem Gemüse steht.

5 Den Abstandhalter mit Wasser füllen, auf das Gemüse setzen, leicht andrücken und das Gärgefäß mit einem Schraubdeckel (locker) oder mit Folie (fest) verschließen. 4–5 Tage bei Zimmertemperatur fermentieren lassen. Einmal pro Tag den Deckel leicht öffnen und das Gas entweichen lassen. Danach in den Kühlschrank stellen.

Dieser Salat-Mix passt immer als schnelle Beilage, pur oder mit frischem Blattsalat und frischen Kräutern. Er eignet sich zum Mitnehmen und lässt sich mit Kartoffeln, Nudeln oder Reis kombinieren.

Chilischoten

Ein praktisches Rezept um frische Chilischoten mit wenig Aufwand zu konservieren und beim Kochen immer zur Verfügung zu haben. Auch sehr lecker ist die Zugabe von etwas sehr fein gehacktem Ingwer.

Arbeitszeit: 20 Minuten
Gärzeit: 6–8 Tage
Lagerzeit: 4–5 Monate

Gärgefäß: 1 Glas à 100 ml
Abstandhalter
1 kleiner Zweig Thymian oder Rosmarin
100 g frische Chilischoten, siehe Tipp
1 Schalotte und/oder 1–2 Knoblauchzehen
3%ige Salzlake

1 Glas, Abstandhalter und Arbeitsgeräte heiß spülen und abtropfen lassen.

2 Den Kräuterzweig abspülen und das Glas geben. Die Chilischoten waschen. Die Stiele abschneiden. Die Schoten längs einritzen und die Samen entfernen (wenn es nicht zu scharf sein soll). Die Schoten in kleine Stücke schneiden.

3 Schalotte und /oder Knoblauch abziehen, fein schneiden, mit den Chilis mischen. Die Mischung ins Glas füllen und bis ca. 4 cm unter den Glasrand drücken. Die Lake aufgießen, bis alles 1 cm hoch bedeckt ist.

4 Den Abstandhalter mit Wasser füllen, auf das Gemüse setzen, leicht andrücken und das Gärgefäß mit einem Schraubdeckel (locker) oder mit Folie (fest) verschließen. Die Chilis bei Zimmertemperatur etwa 1 Woche vergären lassen. Einmal pro Tag den Deckel leicht öffnen und das Gas entweichen lassen. Danach im Kühlschrank aufbewahren.

Komponieren Sie Ihre Spezialmischung mit einer für Sie passenden Schärfe: Peperoncini (geringe Schärfe), Jalapeños (mittlere Schärfe) oder Cayenne (starke Schärfe). Tragen Sie beim Zerkleinern am besten Handschuhe und vermeiden Sie es unbedingt, sich ins Gesicht zu fassen oder die Augen zu reiben!

Kapuzinerkressesamen (Kapernersatz)

Mit diesem Rezept können Hobbygärtner ganz einfach einen Kapernersatz herstellen, kaufen kann man die frischen Samen leider nicht. Wer die vielseitige, dekorative, würzige Kapuzinerkresse einmal entdeckt hat, möchte sie nicht mehr missen, zumal sie kaum Arbeit macht und sich munter weiter vermehrt, so man sie lässt.

Arbeitszeit: 5 Minuten
Gärzeit: etwa 1 Woche
Lagerzeit: mindestens 6 Monate

Gärgefäß: 1 Glas à 200–250 ml
Abstandhalter
100–150 g frische Kapuzinerkressesamen
1 Prise Zucker
1 TL Essig
2%ige Salzlake

1 Glas, Abstandhalter und Arbeitsgeräte heiß spülen und abtropfen lassen.

2 Die Samen waschen, in das Glas füllen und bis ca. 4 cm unter den Glasrand festdrücken. Mit Lake auffüllen, bis die Samen ca. 1 cm bedeckt sind.

3 Den Abstandhalter mit Wasser füllen, auf die Samen setzen, leicht andrücken und das Gärgefäß mit einem Schraubdeckel (locker) oder mit Folie (fest) verschließen. Etwa 1 Woche vergären lassen. Einmal pro Tag den Deckel leicht öffnen und das Gas entweichen lassen. Dann im Kühlschrank aufbewahren.

Von der Kapuzinerkresse sind nicht nur die süß-scharfen Blüten essbar, alle Teile der Pflanze, auch Blätter, Stiele und die frischen grünen Samen lassen sich vielseitig verwenden. Blätter und Stiele fein geschnitten in Salaten und die grünen Samen als Beimischung in Gemüsen und zum Fermentieren. Die älteren, trockenen Samen dienen als Samen für weitere Pflanzjahre. Die Inhaltsstoffe der Kapuzinerkresse wirken sich positiv auf das Immunsystem aus.

Obatzda-Käsesalat mit milchsaurem Gemüse

Foto Seite 33 rechts
Arbeitszeit: 10 Minuten

Für 2 Portionen

200 g reifer, weicher Romadur
2 EL kaltgepresstes Öl
2 EL fermentierte Zwiebeln, Seite 22
2–3 EL fermentierter Stangensellerie, fein geschnitten, Seite 26
1 EL Petersilie oder Schnittlauch, fein geschnitten
Salz, Pfeffer zum Abschmecken
einige fermentierte Kirschtomaten, Seite 27
einige Salat- oder Rukolablätter

Den Käse würfeln und in eine Schüssel geben. Öl, Zwiebeln, Sellerie und die Kräuter dazugeben und grob vermischen. Mit Salz und Pfeffer abschmecken und mit den Tomaten und Salat- oder Rukolablättchen garnieren. Dazu passen kräftiges Brot oder Pellkartoffeln.

Crostini mit fermentierten Kirschtomaten

Für 2 Portionen

4 Ciabatta- oder Baguettescheiben
1 Knoblauchzehe
kaltgepresstes Olivenöl
4 EL fermentierte Tomaten, Seite 27

Die Brotscheiben toasten, die Knoblauchzehe anschneiden und die Brotscheiben damit einreiben. Mit etwas Olivenöl beträufeln. 1–2 fermentierte Tomaten mit Schalottenstreifen auf die Scheiben legen und leicht zerdrücken. Einfach köstlich!

Eingelegter Handkäse mit Zwiebel-Kräuter-Marinade

Foto unten links
Arbeitszeit: 10 Minuten
Ruhezeit: 1–2 Tage

Für 2 Portionen

200 g gut gereifter, weicher Handkäse, alternativ Harzer oder Mainzer
2–3 EL fermentierte Zwiebeln, Seite 22
ca. 50 ml Apfelmost oder Fermentierlake (z. B. Restlake, S. 15)
1–2 EL kaltgepresstes Öl
1 Bund Schnittlauch oder Petersilie, fein geschnitten
1 kleine Glasschüssel oder 2 Sturzgläser (gerades Glas)

Für die Marinade Zwiebeln, Most und Öl verrühren. Den Handkäse in grobe Stücke scheiden und in die Marinade legen oder schichtweise mit der Marinade in ein gerades Sturzglas einschichten. Dabei oben einen Rand von 3–4 cm lassen. Mit einem Löffel in das Glas drücken und die restliche Zwiebelmarinade obendrauf geben. Die Schüssel oder das Glas locker mit Deckel oder Klarsichtfolie verschließen und für 1–2 Tage auf einem Unterteller in den Kühlschrank stellen. 2–3 Stunden vor dem Verzehr aus dem Kühlschrank nehmen. Dazu passt Bauernbrot oder Baguette.

Salat mit Räucherfisch oder Ei

Arbeitszeit: 10 Minuten

Für 2 Portionen

2–3 EL fermentierte Radieschen oder Rettichstifte, Seite 23, 24
2–3 EL Joghurt oder Crème fraîche
1–2 EL frische Kräuter
1–2 TL kaltgepresstes Öl
einige grüne Salatblätter
1 Avocado
1 Stück Räucherfisch und/oder 1 gekochtes Ei
evtl. 1 Apfel

In einer kleinen Schüssel das fermentierte Gemüse mit Joghurt oder Crème fraîche, Kräutern und Öl vermischen. Die Salatblätter waschen und auf einen Teller legen. Die Avocado längs halbieren, die Hälften mit einem Löffel aus der Schale heben, längs einschneiden und fächerförmig auf den Teller legen. Räucherfisch und/oder Ei dazugeben und den Salat daneben setzen. Dazu passt auch sehr gut ein fein geschnittener Apfel.

Schneller Tsatsiki

Ein echter Tsatsiki sollte immer einige Stunden durchziehen, damit die Gurken weich werden. Bei dieser Variante mit den fermentierten Gurken dauert die Herstellung nur wenige Minuten.

Arbeitszeit: 10 Minuten

Für 2 Portionen

150 g Sahne- oder griechischen Joghurt, 10 % Fett
2–3 EL fermentierte Gurken mit etwas Fermentierlake, Seite 25
1 kleine Knoblauchzehe, gepresst
1–2 TL Olivenöl
Gartenkräuter, z. B. Schnittlauch, Dill, fein geschnitten
1–2 TL Salzzitronen, fein gehackt, Seite 82
1 Prise Salz

Alle Zutaten verrühren und eventuell mit Salz abschmecken.

Italienischer Gemüse-Kartoffelsalat

In diesen Salat passen auch zusätzlich noch andere Fermentgemüse, z. B. Paprika oder Ratatouille-Mix.

Foto auf Seite 20
Arbeitszeit: 30 Minuten
Ruhezeit: 1 Stunde

Für 2 Portionen

- 500 g kleine, festkochende Kartoffeln, wenn möglich am Vortag gekocht
- 1 Knoblauchzehe
- 1 Schalotte, frisch oder fermentiert, Seite 22
- 2–3 EL Olivenöl
- 1 kleine Zucchini
- 1 kleine Tasse Lake von den fermentierten Kirschtomaten, Seite 27
- 5–6 g getrocknete Tomaten
- 4–5 Anchovis oder Sardellen
- 6 grüne Oliven ohne Stein
- 1 EL eingelegte Kapern oder fermentierte Kapuzinerkressesamen, Seite 31
- 10 fermentierte Kirschtomaten, Seite 27
- 1 Handvoll Basilikumblätter

1 Die Kartoffeln in wenig Wasser oder im Dampf kochen, dann abkühlen lassen.

2 Knoblauch und Schalotte abziehen, fein würfeln und in 1 EL Öl goldbraun braten.

3 Die Zucchini waschen, fein würfeln, dazugeben und weitere 3–4 Minuten braten.

4 Mit der Tomaten-Lake ablöschen und auf die Seite stellen. Die getrockneten Tomaten fein würfeln und dazugeben.

5 Die Kartoffeln pellen, größere halbieren oder vierteln und ebenfalls in die Pfanne geben, vermischen und noch etwas ziehen lassen. Dann in eine Salatschüssel geben.

6 Anchovis oder Sardellen und Oliven fein schneiden. Mit den Kapern und dem restlichen Öl dazugeben. Den Salat etwa 1 Stunde ziehen lassen. Vor dem Servieren fermentierte Kirschtomaten sowie Basilikum zugeben und vorsichtig untermischen.

Die aromatische Gärflüssigkeit der Tomaten bringt ein schönes Rosmarinaroma und eine dezente Säure.

Rezept Seite 49

Beliebte Klassiker

Dies ist seit Jahrhunderten die Paradedisziplin der milchsauren Vergärung: Die Haltbarkeit von heimischen Gemüsesorten zu verbessern, hat die Menschen den Winter gesund überleben lassen. Dau gehören die verschiedenen Kohlsorten, beliebte Wurzelgemüse wie Möhren und rote Bete sowie Paprikaschoten und Spargel.

Die fermentierten Klassiker

… und die Rezepte für ihre Verwendung

Sauerkraut

Sauerkraut gehört seit Jahrhunderten zur deutschen Küche. Beachten Sie, dass nur das frische vergorene Kraut die vielen gesundheitlichen Vorteile der Fermentierung bietet. Sterilisiertes Kraut aus Dosen oder Folientüten hat diese Vorteile nicht mehr und ist nur zum Kochen geeignet. Frisches Sauerkraut möglichst nicht lange erhitzen. Oder nur einen Teil erhitzen und den zweiten Teil nach dem Kochen frisch dazugeben. Für die Verarbeitung großer Mengen gibt es Gärtöpfe mit Wasserrinne.

Fotos auf Seite 10
Arbeitszeit: 30 Minuten
Gärzeit: 10–12 Tage
Lagerzeit: mindestens 6 Monate

Gärgefäß: 2 Gläser à 1 Liter
Abstandhalter
2 kg Weißkohl
40 g Salz
1–2 TL Wacholderbeeren oder Kümmel
2%ige Salzlake zum Auf- und Nachfüllen

1 Gläser, Abstandhalter und Arbeitsgeräte heiß spülen und abtropfen lassen.

2 Den Weißkohl waschen, putzen und vierteln, 2 große Blätter beiseitelegen. Den Strunk keilförmig ausschneiden. Den Kohl in sehr feine Streifen hobeln oder schneiden und in eine große Schüssel geben.

3 Salz und Wacholderbeeren/Kümmel untermischen.

4 Den Kohl einige Minuten ziehen lassen bis Saft austritt, dann mit einem Holzstampfer oder der Faust noch etwas stampfen.

Probieren Sie auch die Sauerkraut-Variante mit **Spitzkohl.** Dieser zarte Sommerkohl hat nur etwa die halbe Gärzeit, da er wesentlich zarter ist als die späten faserreicheren Lagerkohlsorten. Spitzkohl lässt sich gut mit anderen weicheren Gemüsen kombinieren, die eine ähnliche Gärzeit von 5–7 Tagen haben, z. B. Möhren, Paprika, rote Bete, Sellerie.

5 Die Kohlstreifen in die Gläser einfüllen, je ein Kohlblatt etwas zusammenfalten und als Abschluss auf den geschnittenen Kohl legen. Bis etwa 5 cm unterhalb des Randes gut festdrücken oder einstampfen, bis Krautsaft austritt und den Kohl bedeckt. Die Flüssigkeit sollte mindestens 1 cm über dem Kraut stehen, ansonsten mit etwas Lake auffüllen.

6 Die Abstandhalter mit Wasser füllen, auf das Kraut setzen, leicht andrücken und die Gläser mit einem Schraubdeckel (locker) oder mit Folie (fest) verschließen.

7 Das Kraut bei Zimmertemperatur ca. 10 Tage gären lassen. Einmal pro Tag den Deckel leicht öffnen und das Gas entweichen lassen.

8 Wenn die Gärung beendet ist, das Kraut an einem kühlen Platz aufbewahren.

Abwechslung in den Speiseplan bringt auch dieser **nordafrikanisch gewürzte Spitzkohl.** Für ein Glas à 1 Liter 1 kg Spitzkohl, 20 g Salz, 1 Apfel, 2–3 cm frischer Ingwer, 1–2 Schalotten, 1–2 Knoblauchzehen, 1–2 EL Ras el-Hanout (Gewürzmischung aus der maghrebinischen Küche) und 2%ige Salzlake wie Sauerkraut verarbeiten, für 7–10 Tage fermentieren, dann ca. 2 Wochen an einem kühlen Ort nachgären lassen.

Rotkohl

Fermentiertes Rotkraut ist eine schnelle Beilage zu geschmorten Fleischgerichten, denn es benötigt eine kürzere Garzeit.

Arbeitszeit: 30 Minuten
Gärzeit: 8–10 Tage
Lagerzeit: mindestens 6 Monate

Gärgefäß: 2 Gläser à 1 Liter
2 Abstandhalter
2 kg Rotkohl (1 mittelgroßer Kopf)
40 g Salz
2 TL brauner Zucker
1–2 Äpfel
1–2 große Schalotten
eventuell 2–3 EL Granatapfelkerne
3–4 Nelken, gemahlen oder sehr fein gehackt
½–1 TL Zimtpulver
1–2 TL Wacholderbeeren
2%ige Salzlake zum Auf- und Nachfüllen

1 Gläser, Abstandhalter und Arbeitsgeräte heiß spülen und abtropfen lassen.

2 Den Rotkohl waschen, putzen und vierteln. 2 große Blätter beiseitelegen. Den Strunk keilförmig ausschneiden. Den Kohl in sehr feine Streifen hobeln oder schneiden, in eine große Schüssel geben, mit Salz und Zucker vermischen und etwas stampfen, bis Flüssigkeit austritt.

3 Die Äpfel schälen, vom Kerngehäuse befreien, fein schneiden und dazugeben. Die Schalotten abziehen und in Streifen schneiden. Schalotten und Granatapfelkerne mit Nelken, Zimt und Wacholderbeeren mit den Kohlstreifen vermischen und einige Minuten ziehen lassen, bis Saft austritt. Den Kohl nach Belieben noch etwas stampfen.

4 Die Kohlstreifen in die Gläser füllen. Je ein Kohlblatt etwas zusammenfalten, als Abschluss auf den geschnittenen Kohl legen und bis etwa 5 cm unterhalb des Randes gut festdrücken oder einstampfen, bis Krautsaft austritt und den Kohl bedeckt. Die Flüssigkeit sollte mindestens 1 cm über dem Kraut stehen, ansonsten noch etwas Salzlake angießen.

5 Die Abstandhalter mit Wasser füllen, auf den Kohl setzen, leicht andrücken und die Gärgefäße mit einem Schraubdeckel (locker) oder mit Folie (fest) verschließen. Den Rotkohl bei Zimmertemperatur etwa 1 Woche gären lassen. Einmal pro Tag den Deckel leicht öffnen und das Gas entweichen lassen. Nach der Gärung kühl aufbewahren.

Kimchi – fermentierter Chinakohl

Kimchi lässt sich einfach und mit relativ kurzer Gärzeit herstellen. Er schmeckt als Vorspeise zu asiatischen Menüs, zu Reis-, Fleisch- und Fischgerichten. Man kann ihn noch mit Sojasauce und/oder Sesamöl würzen.

Foto auf Seite 18
Arbeitszeit: 30 Minuten
Gärzeit: 4–7 Tage
Lagerzeit: mindestens 6 Monate

Gärgefäß: 2 Gläser à 0,7–1 Liter
2 Abstandhalter
1 kg Chinakohl
15 g Salz
1–2 Möhren
5 cm frische Ingwerwurzel
5–6 Knoblauchzehen
1–2 TL scharfes Paprikapulver oder fermentierte Chilischoten, Seite 30
2%ige Salzlake zum Nachfüllen

1 Gläser, Abstandhalter und Arbeitsgeräte heiß spülen und abtropfen lassen.

2 Den Chinakohl waschen, putzen und 2 große Blätter beiseitelegen. Den restlichen Kohl in 1 cm breite Streifen schneiden, in eine Schüssel geben, mit dem Salz vermischen und etwas stampfen.

3 Die Möhren waschen und in feine Stifte schneiden. Ingwer und Knoblauch schälen und fein würfeln. Das Paprikapulver mit Möhren, Ingwer und Knoblauch zum Kohl geben und gut vermischen.

4 Den Kohl in die Gläser füllen, je ein Kohlblatt zusammenfalten, auf das Gemüse legen, bis ca. 4 cm unter den Rand drücken oder stampfen und mit der Lake auffüllen. Die Flüssigkeit sollte mindestens 1 cm über dem Kraut stehen.

5 Die Abstandhalter mit Wasser füllen, auf den Kohl setzen, leicht andrücken und die Gärgefäße mit einem Schraubdeckel (locker) oder mit Folie (fest) verschließen. Den Chinakohl bei Zimmertemperatur 4–7 Tage vergären lassen. Einmal pro Tag den Deckel leicht öffnen und das Kohlendioxid entweichen lassen. Wenn die Gärung beendet ist, im Kühlschrank aufbewahren.

Möhren

Fermentierte Möhren passen zu vielen Salaten und Gemüsekombinationen.

Arbeitszeit: 30 Minuten
Gärzeit: 8–10 Tage
Lagerzeit: mindestens 6 Monate

Gärgefäß: 1 Glas à 500–600 ml
Abstandhalter
350–400 g Möhren
3 cm Ingwerwurzel
1 TL gelbe Senfsamen und/oder Schwarzkümmelsamen
2%ige Salzlake

1 Glas, Abstandhalter und Arbeitsgeräte heiß spülen und abtropfen lassen.

2 Die Möhren waschen, bürsten oder dünn schälen und raspeln oder in Scheiben schneiden.

3 Den Ingwer schälen und sehr fein schneiden. Ingwer und Senf- und/oder Schwarzkümmelsamen mit den Möhren vermischen, in das Glas füllen und gut eindrücken.

4 Das Gemüse in das Glas füllen, bis 4 cm unter den Rand festdrücken und mit der Lake auffüllen. Das Gemüse muss ganz bedeckt sein.

5 Den Abstandhalter mit Wasser füllen, auf das Gemüse setzen, leicht andrücken und das Glas mit einem Schraubdeckel (locker) oder mit Folie (fest) verschließen.

6 Die Möhren 8–10 Tage bei Zimmertemperatur fermentieren lassen. Einmal pro Tag den Deckel leicht öffnen und das Kohlendioxid entweichen lassen. Anschließend kühl stellen.

Nach dem gleichen Rezept können Sie auch **Petersilienwurzeln, Pastinaken** und **Kohlrabi** fermentieren. Anstelle von Ingwer passen auch andere Gewürze wie Schalotten, Kräuter oder braune Senfsamen.

Spargel

Genießen Sie Spargel in der Herbst- oder Winterzeit als Beilage, auf kalten Platten oder im Salat.

Arbeitszeit: 30 Minuten
Gärzeit: 7–8 Tage
Lagerzeit: 4–6 Monate

Gärgefäß: 1 Glas à 1 Liter
Abstandhalter
500 g dünne, weiße Spargelstangen, alternativ Bruchspargel
nach Belieben bunte Pfefferbeeren
2- oder 3%ige Salzlake

1 Glas, Abstandhalter und Arbeitsgeräte heiß spülen und abtropfen lassen.

2 Die Spargelstangen waschen und bis 5 cm unterhalb der Spitze schälen. Auf eine Länge 3–4 cm unterhalb des Glasrandes zurechtschneiden und mit den Köpfen nach oben in das Glas stellen. Die Pfefferbeeren zugeben.

3 Das Glas mit Salzlake auffüllen, die Spargelspitzen müssen ganz bedeckt sein.

4 Den Abstandhalter mit Wasser füllen, vorsichtig auf das Gemüse setzen und mit einem Schraubdeckel (locker) oder mit Folie (fest) verschließen.

5 Nach 7 bis 8 Tagen Gärzeit den Spargel in den Kühlschrank stellen. Während der Gärung einmal pro Tag den Deckel leicht öffnen und das Kohlendioxid entweichen lassen.

Rosenkohl

Schmeckt als winterliche Gemüsebeilage, zum Brot oder als Salat.

Fotos auf Seite 8 und 51
Arbeitszeit: 30 Minuten
Gärzeit: 6–7 Tage, Nachgären 1–2 Wochen
Lagerzeit: 6 Monate

Gärgefäß: 1 Glas à 700–800 ml
Abstandhalter
500 g Rosenkohl
2 gestrichene TL Salz (10 g)
1 Prise Zucker
1 kleine Möhre
2 cm Ingwerwurzel
1 Schalotte
2–3 Scheiben einer Bio-Zitrone
1 TL Pfefferkörner
1 TL Senfsamen
1 Prise Muskatblüte oder Muskatnuss, gerieben
evtl. Sojasauce
2%ige Salzlake zum Nachgießen

1 Glas, Abstandhalter und Arbeitsgeräte heiß spülen und abtropfen lassen.

2 Die Rosenkohlröschen abspülen und putzen. Die Röschen halbieren oder vierteln, in eine Schüssel geben und mit Salz und Zucker vermischen.

3 Die Möhre waschen und in feine Stifte schneiden. Ingwer und Schalotte schälen und in feine Scheiben schneiden.

4 Möhre, Ingwer, Schalotte und Zitronenscheiben mit dem Rosenkohl vermischen und in das Glas füllen. Das Gemüse bis ca. 4 cm unter den Rand festdrücken und mit der Lake auffüllen. Die Flüssigkeit sollte mindestens 1 cm über dem Kohl stehen.

5 Den Abstandhalter mit Wasser füllen, auf den Kohl setzen, leicht andrücken und das Gärgefäß mit einem Schraubdeckel (locker) oder mit Folie (fest) verschließen.

6 Den Rosenkohl bei Zimmertemperatur 7–8 Tage vergären lassen. Einmal pro Tag den Deckel leicht öffnen und das Kohlendioxid entweichen lassen. Danach etwas kühler stellen und 1–2 Wochen nachgären lassen. Wenn die Gärung beendet ist, im Kühlschrank aufbewahren.

Paprikastifte

Dieses dekorative Ferment sollte bei keiner Brotzeit fehlen.

Arbeitszeit: 30 Minuten
Gärzeit: 6–7 Tage
Lagerzeit: 1–2 Monate

Gärgefäß: 1 Glas à 300–400 ml
Abstandhalter
250 g Paprikaschoten, rot und gelb
2–3 Zweige Rosmarin oder Thymian
1 Knoblauchzehe und/ oder Schalotte
1–2 TL Senfkörner
1–2 Chilischoten
3%ige Salzlake

1 Glas, Abstandhalter und Arbeitsgeräte heiß spülen und abtropfen lassen.

2 Die Paprikaschoten waschen, den Strunk herausschneiden und die Samen entfernen. Die Paprika in 2–3 cm große Streifen oder Stücke schneiden. Rosmarin oder Thymian waschen, abtropfen lassen und kleine Zweige abtrennen. Knoblauch oder Schalotte abziehen und in Streifen schneiden.

3 Die Paprikastücke abwechselnd mit den kleinen Kräuterzweigen, Knoblauch und/oder Schalotte, Senfkörnern und Chilischoten in die Gläser einschichten und gut festdrücken.

4 Das Gemüse in die Gläser füllen, bis 4 cm unter den Rand festdrücken und mit der Salzlake auffüllen. Das Gemüse muss ganz bedeckt sein.

5 Den Abstandhalter mit Wasser füllen, auf das Gemüse setzen, leicht andrücken und das Glas mit einem Schraubdeckel (locker) oder mit Folie (fest) verschließen.

6 Die Paprika bei Zimmertemperatur 6–7 Tage vergären lassen. Einmal pro Tag den Deckel leicht öffnen und das Kohlendioxid entweichen lassen. Danach in den Kühlschrank stellen.

TIPP **Sie können Paprika auch mit Zucchini kombinieren.**

Rote Bete mit Apfel

Mit diesem Ferment haben Sie immer einen fertigen Rote-Bete-Salat im Kühlschrank. Sie müssen nur noch etwas Öl ergänzen.

Arbeitszeit: 30 Minuten
Gärzeit: 5–7 Tage
Lagerzeit: mindestens 6 Monate

Gärgefäß: 1 Glas à 1 Liter
Abstandhalter
500–600 g Rote Bete
1 Apfel
1 gestrichener TL Salz (5 g)
1 Schalotte oder Zwiebel
1 Knoblauchzehe
1 TL Anis- oder Fenchelsamen
2–3 cm Meerrettichwurzel, frisch gerieben
1 TL Essig
2%ige Salzlake

1 Glas, Abstandhalter und Arbeitsgeräte heiß spülen und abtropfen lassen.

2 Die rote Bete waschen und schälen. Den Apfel schälen und vom Kernhaus befreien. Rote Bete und Apfel fein raspeln oder hobeln (alternativ in 2–3 mm dünne Scheiben schneiden), in eine Schüssel geben und mit dem Salz vermischen. Schalotte und Knoblauch abziehen, längs in dünne Scheiben oder Streifen schneiden und mit der roten Bete vermischen. Das Gemüse mit Anis oder Fenchel würzen.

3 Die Meerrettichwurzel waschen, 1–2 cm fein raspeln und mit dem Essig untermischen. Das Gemüse stampfen und einige Minuten ziehen lassen. Dann in das Glas füllen, bis 4 cm unter den Rand festdrücken und mit der Salzlake auffüllen. Das Gemüse muss ganz bedeckt sein.

4 Den Abstandhalter mit Wasser füllen, auf das Gemüse setzen und das Glas mit einem Schraubdeckel (locker) oder mit Folie (fest) verschließen.

5 Die rote Bete bei Zimmertemperatur 5–7 Tage vergären lassen. Einmal pro Tag den Deckel leicht öffnen und das Gas entweichen lassen. Da rote Bete sehr stürmisch vergären kann, bleiben häufig gegen Ende der Gärung am oberen Glasrand Reste vom Gärschaum haften. Entfernen Sie diesen und verschließen Sie das Glas wieder. Nach abgeschlossener Gärung kühl aufbewahren.

TIPP Wenn Sie die rote Bete weicher mögen, können Sie die geschälten Beten auch einige Minuten blanchieren.

Gefüllte Paprikaschoten

Arbeitszeit: 30 Minuten
Gärzeit: 6–7 Tage
Lagerzeit: mindestens 3 Monate

Gärgefäß: 1 Glas à 2 Liter
- Abstandhalter
- 500 g mittelgroße gelbe Spitzpaprikaschoten
- 500 g Sauerkraut, Seite 38
- 2%ige Salzlake zum Nachgießen

Glas, Abstandhalter und Arbeitsgeräte heiß spülen und abtropfen lassen. Die Paprikaschoten waschen, Stielansätze herausschneiden, die Samen entfernen und die Paprika ausspülen. Das Sauerkraut in die Paprikaschoten füllen und gut festdrücken. Die Paprika dicht nebeneinander in das Glas schichten und mit 2%iger Salzlake auffüllen. Den Abstandhalter mit Wasser füllen, auf das Gemüse setzen, leicht andrücken und das Glas mit einem Schraubdeckel (locker) oder mit Folie (fest) verschließen. 1 Woche vergären lassen. Einmal pro Tag den Schraubdeckel leicht öffnen und das Kohlendioxid entweichen lassen. Danach in den Kühlschrank stellen. Als kalte Beilage zur Brotzeit.

Rotkohlgemüse

Arbeitszeit: 15 Minuten

Für 2 Portionen

- 2 EL fermentierte Zwiebeln, Seite 22
- 1 EL Butter-, Schweine- oder Gänseschmalz
- 1 süßer Apfel
- 200–250 g fermentierter Rotkohl, Seite 40
- 1–2 EL beliebige Marmelade
- 1–2 TL Ingwer

Die Zwiebeln im Schmalz goldbraun braten. Den Apfel schälen, vom Kerngehäuse befreien, fein würfeln, dazugeben und 1–2 Minuten dünsten. Den Rotkohl dazugeben und etwa ¼ Liter Wasser aufgießen. Die Marmelade einrühren. Den Ingwer fein hacken und dazugeben. Mit Nelken, Zimt und Pfeffer abschmecken. Das Ganze bei schwacher Hitze erwärmen. Wenn das Rotkraut noch zu fest ist, das Gemüse noch einige Minuten leicht köcheln lassen.

Rotkohlsalat mit Orange und Walnüssen

Kombinieren Sie fermentiertes Rotkraut mit gutem Öl und frischen Früchten. Zusätzlich können 1–2 EL Gelee oder Marmelade oder einige klein geschnittene Trockenfrüchte den Geschmack abrunden. Auch kann man noch Schafs- oder Ziegenkäse oder kaltes Enten- oder Gänsefleisch zugeben.

Arbeitszeit: 15 Minuten

Für 2 Portionen

- 5–6 EL fermentierter Rotkohl, Seite 40
- 1–2 TL Zitronen-Ingwer-Knoblauch-Paste, Seite 84, oder Salzzitrone, Seite 82
- 1 Apfel
- 1 kleine Bio-Orange oder Ananas
- 2–3 EL Granatapfelkerne
- 1 Lauchzwiebel oder etwa 5 cm Lauchstange
- 1–2 EL Oliven-, Sonnenblumen- oder Sesamöl
- 1–2 TL Obstessig, z. B. Apfel- oder Granatapfelessig
- 3–4 Walnusskerne

Das fermentierte Rotkraut mit der Zitronen-Ingwer-Knoblauch-Paste in eine Schüssel geben. Den Apfel waschen, vom Kernhaus befreien, fein würfeln, dazugeben. Die Orange heiß abwaschen, die Schale dünn abschälen und in feine Streifen schneiden. Das Orangenfruchtfleisch würfeln, beides zum Rotkohl geben, ebenso die Granatapfelkerne. Lauchzwiebel oder Lauch waschen und in feine Streifen schneiden, zum Kohl geben. Mit Öl und Essig abschmecken. Die Walnusskerne grob brechen und überstreuen.

Kimchi-Pfannkuchen mit Soja-Dip

Arbeitszeit: 15 Minuten

Für 2 Portionen

100 g Dinkel- oder Weizenmehl
1 Prise Salz
2 Eier Größe M
2–3 EL kohlensäurehaltiges Wasser
150–170 g Kimchi, Seite 41, grob gehackt
2–3 EL Kimchi-Lake
Kokos- oder Bratöl

FÜR DEN DIP
2 EL Sojasauce
1 EL Kimchi
1 Prise Zucker
¼ TL Sesamöl
1 TL gehackter Schnittlauch

Mehl und Salz in einer Schüssel vermischen. Eier und Wasser einrühren. Den Kimchi mit etwas Fermentierlake aus dem Glas dazugeben und den Teig glatt rühren. Der Teig soll geschmeidig und leicht flüssig sein. Etwas Öl in einer Pfanne erhitzen, den Teig portionsweise in die Pfanne geben und bei mittlerer Hitze auf beiden Seiten goldbraun und knusprig braten. Die Zutaten für den Dip verrühren und den Pfannkuchen damit beträufeln.

Rosenkohl mit Kastanien und Aprikosen

Eine pikante Beilage zu kalten Platten. Passt auch gut zu Kartoffelstampf und zu Gepökeltem, z. B. Pastrami oder dünnen Kasslerscheiben.

Arbeitszeit: 10 Minuten
Garzeit: 10 Minuten

Für 2 Portionen

5–6 getrocknete Aprikosen
1–2 TL Butter- oder Schweineschmalz
1–2 EL fermentierte Zwiebeln, Seite 22
100 g Möhre oder Süßkartoffel
2–3 EL gegarte Kastanien, geschält
4–5 EL fermentierter Rosenkohl, Seite 44
1 EL kaltgepresstes Öl
Salz und Pfeffer

Die Aprikosen mit kochendem Wasser übergießen und etwas quellen lassen. Das Schmalz in einer Pfanne erhitzen und die Zwiebeln darin andünsten. Möhre oder Süßkartoffel waschen, putzen, in dünne Scheiben schneiden oder hobeln und dazugeben. Die Kastanien dazugeben und alles etwa 5 Minuten dünsten. Die Aprikosen abgießen und dazugeben. Die Pfanne von der Platte nehmen und leicht abkühlen lassen. Rosenkohl und Öl untermischen, mit Salz und Pfeffer abschmecken.

Rezepte von Seite 54, 61 und 67

Farbenfrohe Kombinationen

Sollten Sie die Vergärung von einzelnen Gemüsesorten zu langweilig finden, finden Sie hier Beispiele, wie man seine Lieblingsgemüse mit farblichen und geschmacklichen Ergänzungen zu neuen Highlights kombinieren kann. Die machen Brotzeiten fröhlicher und sollten bei keinem Raclette fehlen.

Die fermentierten Kombinationen

… und die Rezepte für ihre Verwendung

Lila Überraschung: Rot- und Chinakohl

Die gemeinsame Fermentation von Chinakohl und Rotkohl ergibt ein optisches Highlight, vergärt schnell und unkompliziert, hat danach eine sehr stabile Haltbarkeit und einen angenehmen fein-säuerlichen Geschmack. Die lila Überraschung passt auf jeden Salatteller und wunderbar zur zünftigen Wurstplatte.

Foto auf Seite 52 hinten
Arbeitszeit: 15 Minuten
Gärzeit: 4–7 Tage
Lagerzeit: mindestens 6 Monate

Gärgefäß: 1 Glas à 1 Liter
Abstandhalter
500 g Chinakohl
500 g Rotkohl
20 g Salz (4 gestrichene TL)
1–2 Schalotten und/oder Knoblauchzehen
2%ige Salzlake

1 Glas, Abstandhalter und Arbeitsgeräte heiß spülen und abtropfen lassen.

2 China- und Rotkohl abspülen, putzen, den Strunk entfernen und 1 großes Blatt beiseitelegen. Den restlichen Kohl in 5–10 mm breite Streifen schneiden, in eine Schüssel geben, mit dem Salz vermischen und stampfen, bis Flüssigkeit austritt.

3 Schalotte und/oder Knoblauch abziehen, fein würfeln und untermischen. Die Kohlstreifen in das Glas füllen, gut festdrücken, das Kohlblatt etwas zusammenfalten, als Abschluss auf den geschnittenen Kohl legen und bis etwa 5 cm unterhalb des Glasrandes gut festdrücken oder einstampfen, bis Krautsaft austritt und den Kohl bedeckt. Die Flüssigkeit sollte mindestens 1 cm über dem Kraut stehen, ansonsten noch etwas Salzlake angießen.

4 Den Abstandhalter mit Wasser füllen, auf den Kohl setzen, leicht andrücken und das Gärgefäß mit einem Schraubdeckel (locker) oder mit Folie (fest) verschließen.Bei Zimmertemperatur 4–7 Tage vergären lassen. Einmal pro Tag den Deckel leicht öffnen und das Kohlendioxid entweichen lassen. Wenn die Gärung beendet ist, im Kühlschrank aufbewahren.

Gelber Kohl mit Möhre

Arbeitszeit: 30 Minuten
Gärzeit: 4–7 Tage
Lagerzeit: Mindestens 6 Monate

Gärgefäß: 1 Glas à 1 Liter
Abstandhalter
600 g China- oder Spitzkohl
2–3 mittelgroße Möhren
2 Schalotten
2 Knoblauchzehen
5 cm Ingwerwurzel
10 g Salz
1–2 TL Senfsamen
1 EL Kurkumapulver
2%ige Salzlake

1 Glas, Abstandhalter und Arbeitsgeräte heiß spülen und abtropfen lassen.

2 Den Kohl abspülen, putzen, den Strunk entfernen und 1 großes Blatt beiseitelegen. Den restlichen Kohl in 5–10 mm breite Streifen schneiden. In eine Schüssel geben, mit dem Salz vermischen und stampfen, bis Flüssigkeit austritt.

3 Die Möhren waschen, bürsten oder dünn abschälen, in feine Streifen, Scheiben oder Spiralen schneiden und mit dem Kohl vermischen.

4 Schalotte und Knoblauch schälen, fein würfeln und untermischen. Senfsamen und Kurkuma ebenfalls zugeben und untermischen.

5 Die Gemüsemischung ins Glas einfüllen, gut festdrücken, das Kohlblatt etwas zusammenfalten, als Abschluss auf den geschnittenen Kohl legen und bis etwa 5 cm unterhalb des Glasrandes gut festdrücken oder einstampfen, bis Krautsaft austritt und den Kohl bedeckt. Die Flüssigkeit sollte mindestens 1 cm über dem Kraut stehen, ansonsten noch etwas Salzlake angießen.

6 Den Abstandhalter mit Wasser füllen, auf das Gemüse setzen, leicht andrücken und das Gärgefäß mit einem Schraubdeckel (locker) oder mit Folie (fest) verschließen. Das Kohlgemüse bei Zimmertemperatur 4–7 Tage vergären lassen. Einmal pro Tag den Deckel leicht öffnen und das Kohlendioxid entweichen lassen. Wenn die Gärung beendet ist, das Glas im Kühlschrank aufbewahren.

Krautsalat mit Paprika und Chili

Der ideale Sommersalat, passt auch wunderbar zum Abendbrot und Grillen.

Arbeitszeit: 30 Minuten
Gärzeit: 5–7 Tage
Lagerzeit: mindestens 6 Monate

Gärgefäß: 1 Glas à 1 Liter
Abstandhalter
500 g Spitz- oder Weißkohl
20 g Salz (4 gestrichene TL)
200 g Möhren
1 kleine rote Paprikaschote
1 Chilischote oder fermentierte Chilis, Rezept Seite 30
1 große Zwiebel
2 Knoblauchzehen
1–2 cm frische Ingwerwurzel
frische Kräuter wie Basilikum, Thymian, Petersilie
2%ige Salzlake

1 Glas, Abstandhalter und Arbeitsgeräte heiß spülen und abtropfen lassen.

2 Den Kohl waschen, den Strunk entfernen, 1 großes Blatt beiseitelegen, die übrigen Blätter in sehr feine Streifen schneiden oder hobeln und in eine große Schüssel geben. Das Salz zugeben und untermischen.

3 Die Möhren waschen, dünn schälen und fein raspeln. Paprika- und Chilischote waschen, Stielansätze und Samen entfernen und das Fruchtfleisch fein schneiden.

4 Zwiebeln und Knoblauch abziehen und fein hacken. Die Ingwerwurzel gründlich waschen und mit der Schale fein schneiden. Die Kräuter waschen und grob zerkleinern.

5 Gemüse, Gewürze und Kräuter vermischen und mit einem Stampfer gründlich stampfen, bis Saft austritt. Das Gemüse 10–15 Minuten stehen lassen, um Saft ziehen zu lassen.

6 Die Gemüse in das Glas füllen. Das Kohlblatt zusammenfalten, auf das Gemüse legen und bis 4 cm unter den Rand festdrücken oder stampfen. Gegebenenfalls etwas Salzlake zugeben, damit das Gemüse vollständig bedeckt ist.

7 Den Abstandhalter mit Wasser füllen, auf das Gemüse setzen, leicht andrücken und das Gärgefäß mit einem Schraubdeckel (locker) oder mit Folie (fest) verschließen.

8 Die Gemüsemischung bei Zimmertemperatur 6 bis 7 Tage vergären lassen, dabei ab und zu kurz öffnen, um den Druck abzulassen. Nach abgeschlossener Gärung, wenn also keine Bläschen mehr aufsteigen, kühl aufbewahren.

TIPP **Wenn sie den Salat gerne knackig mögen, können Sie Ihn schon ab dem zweiten Tag genießen. Beachten Sie, dass das Gemüse bei längerer Lagerung weicher und saurer wird.**

Süßkartoffel mit Tomate

Eine sommerliche, pikante Kombination zu Gegrilltem und lecker in Nudel- und Kartoffelsalat.

Arbeitszeit: 30 Minuten
Gärzeit: 8–10 Tage
Lagerzeit: 4–5 Monate

Gärgefäß: 1 Glas à 1 Liter
Abstandhalter
500 g Süßkartoffeln
200 g Zucchini
1 mittelgroße Tomate
1 kleiner Apfel
3 gestrichene TL Salz (15 g)
1 Prise Zucker
2 Schalotten
2 cm frische Ingwerwurzel
2 Knoblauchzehen
1 kleines Stück Chilischote
2 Rosmarin- oder Thymianzweige
1 EL Senfsamen
2%ige Salzlake

1 Glas, Abstandhalter und Arbeitsgeräte heiß spülen und abtropfen lassen.

2 Die Süßkartoffeln waschen, schälen, in feine Streifen schneiden. Die Zucchini waschen und in kleine Würfel schneiden. Die Tomate waschen und grob würfeln.

3 Den Apfel schälen, das Kerngehäuse entfernen und das Fruchtfleisch fein würfeln. Süßkartoffel, Zucchini, Tomate und Apfel in eine Schüssel geben, mit Salz und Zucker vermischen, leicht stampfen und einige Minuten ziehen lassen.

4 Schalotten, Ingwer und Knoblauch schälen, fein schneiden und untermischen. Die Chilischote fein würfeln und dazugeben.

5 Kräuterzweige und Senfsamen in das Gärgefäß geben, die Gemüsemischung einfüllen und bis ca. 4 cm unter den Rand festdrücken. Etwas Salzlake zugeben, bis die Lake 1 cm über dem Gemüse steht.

6 Den Abstandhalter mit Wasser füllen, auf das Gemüse setzen, leicht andrücken und das Gärgefäß mit einem Schraubdeckel (locker) oder mit Folie (fest) verschließen.

7 Die Mischung 8–10 Tage vergären lassen. Einmal pro Tag den Deckel leicht öffnen und das Kohlendioxid entweichen lassen. Nach der Gärung in den Kühlschrank stellen.

Wassermelone

Bei diesem Rezept wird nur die äußere dünne, grüne Schale entfernt, die dicken hellen Schalenteile werden mitverwendet. Melonenschalen enthalten wertvolle Inhaltsstoffe, z. B. die Aminosäuren Arginin und Citrullin, reichlich Vitamin C, Vitamin B6, Lycopin und viele Ballaststoffe.

Foto auf Seite 71
Arbeitszeit: 30 Minuten
Gärzeit: 3–4 Tage
Lagerzeit: 4–6 Monate

Gärgefäß: 1 Glas à 500 ml
Abstandhalter
300 g Wassermelone mit kleinen Kernen, z. B. Mini-Wassermelone
1 gestrichener TL Salz (5 g)
1 Prise brauner Zucker
1 Knoblauchzehe
1 cm frische Ingwerwurzel
1 EL frische Kräuter, z. B. Basilikum, Petersilie, Koriander
1 TL helle Sojasauce
2%ige Salzlake

1 Glas, Abstandhalter und Arbeitsgeräte heiß spülen und abtropfen lassen.

2 Die grüne, feste Rinde der Wassermelone mit einem Sparschäler dünn abschälen. Die Melone mit den weißen und hellgrünen Schalenteilen in 1 cm kleine Würfel schneiden und in eine Schüssel geben. Salz und Zucker zugeben, gut vermengen und ½–1 Stunde ziehen lassen, bis Saft austritt.

3 Den Knoblauch schälen, fein würfeln, mit etwas Salz bestreuen und mit einem Messer fein quetschen. Den Ingwer gründlich waschen und mit der Schale fein reiben oder würfeln. Beides untermischen.

4 Die Kräuter waschen, trocken schütteln und fein schneiden. Mit der Sojasauce dazugeben. Alles nochmal gründlich vermischen und mit der ausgetretenen Flüssigkeit in das Glas geben, bis ca. 4 cm unter den Rand feststampfen, bis die Flüssigkeit 1–2 cm über die Zutaten tritt. Eventuell mit Salzlake auffüllen.

5 Den Abstandhalter mit Wasser füllen, aufsetzen, leicht andrücken und das Gärgefäß mit einem Schraubdeckel (locker) oder mit Folie (fest) verschließen. Das Glas 3–4 Tage bei Zimmertemperatur vergären lassen. Einmal pro Tag den Deckel leicht öffnen und das Kohlendioxid entweichen lassen. Nach der Gärung in den Kühlschrank stellen.

Rettich, Möhre und Ingwer

Diese Mischung passt zu vielen Gerichten.

Arbeitszeit: 20 Minuten
Gärzeit: 7–8 Tage
Lagerzeit: 4–6 Monate

Gärgefäß: 1 Glas à 1 Liter
Abstandhalter
500 g weißer Rettich
250 g Möhren
1 gestrichener TL Salz (5 g)
2–3 cm Ingwerwurzel
2%ige Salzlake

1 Glas, Abstandhalter und Arbeitsgeräte heiß spülen und abtropfen lassen.

2 Rettich und Möhren waschen, wenn nötig dünn schälen und dabei alle unschönen Stellen wegschneiden. Beides in feine Streifen schneiden oder fein raspeln, in eine Schüssel geben, das Salz untermischen, das Gemüse etwas stampfen und einige Minuten ziehen lassen.

3 Die Ingwerwurzel waschen und dünn abschaben, fein würfeln und mit den Zutaten in der Schüssel mischen.

4 Die Gemüsemischung fest in das Glas schichten, bis ca. 4 cm unter den Glasrand einstampfen und so viel Salzlake zugießen, bis das Gemüse ganz mit Flüssigkeit bedeckt ist. Eventuell mit Salzlake aufgießen, bis das Ferment 1 cm hoch mit Flüssigkeit bedeckt ist.

5 Den Abstandhalter mit Wasser füllen, auf das Gemüse setzen, leicht andrücken und das Gärgefäß mit einem Schraubdeckel (locker) oder mit Folie (fest) verschließen.

6 Das Gemüse bei Zimmertemperatur 7–8 Tage vergären lassen. Einmal pro Tag den Deckel leicht öffnen und das Kohlendioxid entweichen lassen. Sobald die Flüssigkeit wieder klar wird, das Ferment an einem kühlen Ort aufbewahren.

Zu dieses Rezept passt auch sehr gut Kurkuma. Probieren Sie nach dem gleichen Rezept auch mal ein **Rettich-Carpaccio**: Ein Stück dicken weißen Rettich in dünne Scheiben hobeln und mit der angegebenen Salzmenge sowie einigen rosa Pfefferbeeren oder Senfkörnern vergären lassen. Passt sehr gut zu kräftigem Käse oder einem zünftigen Wurstteller.

Rettich mit Zitrone und rotem Salat

Bei diesem Ferment ist der besondere Effekt die pastellartige Verfärbung durch den rotblättrigen Salat. Fermentierte Rettich passt auf jeden Rohkostteller, als Beilagen zum Brot, als Zutat für Nudel-, Kartoffel- und Reissalate und vermischt mit Crème fraîche oder Joghurt wird ein leckerer Dip daraus.

Foto auf Seite 52 Mitte
Arbeitszeit: 10 Minuten
Gärzeit: 2–4 Tage
Lagerzeit: mindestens 6 Monate

Gärgefäß: 1 Glas à 400–500 ml
Abstandhalter
1 mittelgroßer weißer Rettich, 250–300 g
½–1 TL Salz
1–2 Schalotten und/oder Knoblauchzehen
einige Blätter von rotblättrigen Salaten, z. B. Radicchio, Senfsalat, rote-Bete-Blätter mit Stiel
2–3 dünne Scheiben einer Bio- oder Salz-Zitrone, Seite 82
1–2 TL Senfsamen
2%ige Salzlake

1 Glas, Abstandhalter und Arbeitsgeräte heiß spülen und abtropfen lassen.

2 Den Rettich waschen, putzen, Herzblättchen beiseitelegen. Den Rettich mit einem Spiralschneider oder einem Hobel in Streifen schneiden, in eine Schüssel geben, mit dem Salz bestreuen und vermischen.

3 Schalotten und/oder Knoblauch abziehen, in feine Scheiben schneiden. Die Rettichblätter waschen und fein schneiden. Die Salatblätter in Streifen schneiden.

4 Alle Zutaten mit den Zitronenscheiben und den Senfsamen in das Glas füllen, bis ca. 4 cm unter den Glasrand fest einstampfen, bis Flüssigkeit austritt, dann mit der Salzlake aufgießen, bis die Flüssigkeit etwa 1 cm über dem Gemüse steht.

5 Den Abstandhalter mit Wasser füllen, auf das Gemüse setzen, das Glas mit Folie (fest) oder mit Deckel (locker) verschließen.

6 2–4 Tage bei Zimmertemperatur fermentieren lassen. Einmal pro Tag den Deckel leicht öffnen und das Kohlendioxid entweichen lassen. Nach der Gärung kühl stellen.

Ratatouille

Mit diesem Ferment haben Sie zum einen eine erfrischende sommerliche Salatzutat, zum anderen eine aromatische Ratatouille als Beilage.

Arbeitszeit: 20 Minuten
Gärzeit: 4–5 Tage
Lagerzeit: 2–3 Monate

Gärgefäß: 1 Glas à 1 Liter
Abstandhalter
200–250 g Aubergine
1 gestrichener TL Salz (5 g)
200–250 g Paprikaschote, rot oder gelb
1 kleines Stück Chilischote oder fermentierte Chili, Seite 30
200–250 g Zucchini
100 g Kirschtomaten
1–2 Schalotten
2–3 Knoblauchzehen
2–3 Zweige Rosmarin, Thymian oder Oregano
1 TL rosa Pfefferbeeren
3%ige Salzlake

1 Glas, Abstandhalter und Arbeitsgeräte heiß spülen und abtropfen lassen.

2 Die Aubergine waschen, den Stielansatz entfernen und die Aubergine in 1 cm dicke Scheiben schneiden. Diese salzen, übereinander legen und einige Minuten ziehen lassen. Dann die Scheiben vierteln.

3 Paprika und Chili waschen, Stielansätze und Samen entfernen. Die Chilischote fein würfeln. Die Paprikaschoten in 2 cm große Stücke schneiden.

4 Die Zucchini waschen, putzen und in 1 cm dicke Scheiben schneiden, dicke Früchte vorher einmal längs halbieren. Die Tomaten waschen. Alle vorbereiteten Gemüse in eine Schüssel geben.

5 Schalotte und Knoblauch abziehen, fein würfeln und mit dem Gemüse in der Schüssel vermischen. Die Kräuter waschen und abtropfen lassen. Die Gemüsemischung mit Kräuterzweigen und Pfefferbeeren in das Glas schichten und bis ca. 4 cm unter den Rand festdrücken.

6 Mit der Salzlake aufgießen, bis die Flüssigkeit 1–2 cm über dem Gemüse steht. Den Abstandhalter mit Wasser füllen, auf das Gemüse setzen, leicht andrücken und das Gärgefäß mit einem Schraubdeckel (locker) oder mit Folie (fest) verschließen. Die Ratatouille bei Zimmertemperatur 4–5 Tage vergären lassen. Einmal pro Tag den Deckel leicht öffnen und das Kohlendioxid entweichen lassen. Nach der Gärung im Kühlschrank aufbewahren.

Blumenkohlcurry mit Möhren

Wenn Sie den Kohl weicher möchten, dann kochen Sie die Röschen vor dem Einlegen 2–3 Minuten in ½ Liter Salzlake. Die Lake abkühlen lassen und das Glas damit auffüllen. Das Curry passt als Rohkost oder als Beilage zu Reisgerichten und schmeckt auch gut mit Hirse oder Quinoa.

Arbeitszeit: 30 Minuten
Gärzeit: 6–7 Tage
Lagerzeit: mindestens 6 Monate

Gärgefäß: 1 Glas à 1 Liter
Abstandhalter
500 g Blumenkohl
1 mittelgroße Möhre
1–2 Knoblauchzehen
1 Schalotte
1–2 cm Ingwerwurzel
einige Lorbeer- und/ oder Korianderblätter
1 TL Currypulver
1 TL Kurkuma
1 TL Schwarzkümmelsamen
1 TL Senfsamen
1 TL Zucker
evtl. noch etwas Chilipulver oder -schote, je nach Schärfe des Currypulvers
2%ige Salzlake

1 Glas, Abstandhalter und Arbeitsgeräte heiß spülen und abtropfen lassen.

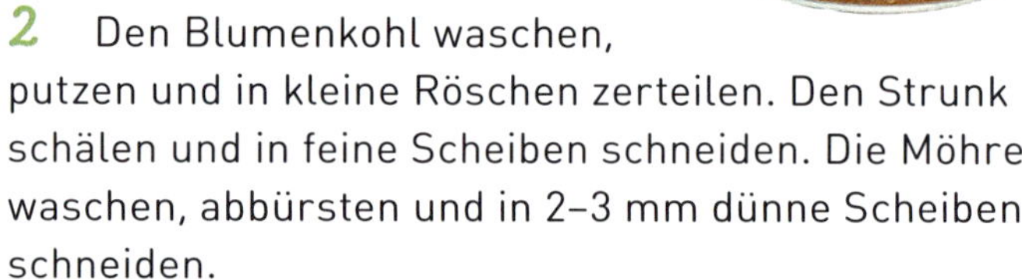

2 Den Blumenkohl waschen, putzen und in kleine Röschen zerteilen. Den Strunk schälen und in feine Scheiben schneiden. Die Möhre waschen, abbürsten und in 2–3 mm dünne Scheiben schneiden.

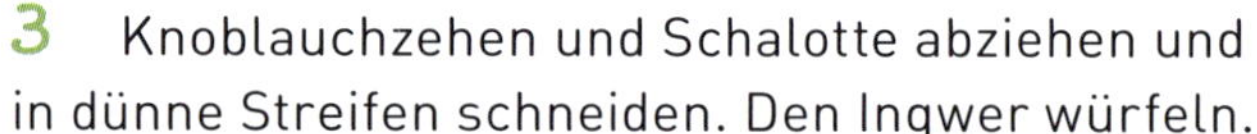

3 Knoblauchzehen und Schalotte abziehen und in dünne Streifen schneiden. Den Ingwer würfeln.

4 Blumenkohl und Möhren mit Knoblauch, Schalotte, Ingwer, Lorbeer und/oder Korianderblättern ins Glas schichten. Gewürze, Samen und Zucker überstreuen und alles bis ca. 4 cm unter den Glasrand gut festdrücken. Mit Salzlake auffüllen, bis die Flüssigkeit 1 cm über dem Gemüse steht.

5 Den Abstandhalter mit Wasser füllen, auf das Gemüse setzen, leicht andrücken und das Gärgefäß mit einem Schraubdeckel (locker) oder mit Folie (fest) verschließen.

6 Den Blumenkohl 6–7 Tage vergären lassen, dabei einmal pro Tag den Deckel leicht öffnen und das Kohlendioxid entweichen lassen. Danach in den Kühlschrank stellen.

Fenchel mit Möhren

Eine schnell vergärende Gemüsemischung mit raffiniertem Geschmack.

Arbeitszeit: 30 Minuten
Gärzeit: 4–5 Tage
Lagerzeit: mehrere Monate

Gärgefäß: 1 Glas à 1 Liter
Abstandhalter
400 g Fenchelknollen mit Grün
1 Prise Salz
1 Prise Zucker
400 g Möhren
½ TL Fenchelsamen
1–2 EL Rosinen oder Granatapfelkerne
2%ige Salzlake

1 Glas, Abstandhalter und Arbeitsgeräte heiß spülen und abtropfen lassen.

2 Die Fenchelknollen waschen, putzen, längs halbieren und mögliche Sandreste zwischen den Blattschichten gründlich ausspülen. Die Fenchelknollen in 2–3 mm feine Streifen hobeln und mit Salz und Zucker in einer Schüssel vermischen.

3 Die Möhren waschen, bürsten oder dünn schälen und in 2–3 mm feine Scheiben schneiden oder hobeln. Mit Fenchelsamen, Fenchelgrün und Rosinen/Granatapfelkernen zum Fenchel geben, vermischen, in das Glas füllen und bis ca. 4 cm unter den Glasrand drücken. Eventuell mit Salzlake auffüllen, bis die Flüssigkeit ca. 1 cm über dem Gemüse steht.

4 Den Abstandhalter mit Wasser füllen, auf das Gemüse setzen, leicht andrücken und das Gärgefäß mit einem Schraubdeckel (locker) oder mit Folie (fest) verschließen.

5 Die Gemüsemischung bei Zimmertemperatur 4–5 Tage vergären lassen. Einmal pro Tag den Deckel leicht öffnen und das Kohlendioxid entweichen lassen. Wenn die Gärung beendet ist, im Kühlschrank aufbewahren.

Gemüsesalat

Diese milchsaure Mischung ist einer meiner persönlichen Favoriten. Die Gemüsesorten können Sie beliebig austauschen.

Arbeitszeit: 30 Minuten
Gärzeit: 6–7 Tage
Lagerzeit: mindestens 6 Monate

Gärgefäß: 1 Glas à 1 Liter
Abstandhalter
100–125 g Möhren
100–125 g Sellerieknolle
100–125 g China- oder Weißkohl
100–125 g Fenchelknolle mit Fenchelgrün
2 gestrichene TL Salz (10 g)
100–125 g rote Paprikaschote
1–2 Zwiebeln
1–2 Knoblauchzehen
1–2 cm Ingwerwurzel
1 TL Senfsamen
2%ige Salzlake

1 Glas, Abstandhalter und Arbeitsgeräte heiß spülen und abtropfen lassen.

2 Möhren und Sellerie waschen, schälen und fein raspeln. Kohl und Fenchel putzen und sehr fein hobeln. Die zerkleinerten Gemüse mit dem Salz in einer Schüssel vermischen, leicht stampfen und ziehen lassen.

3 Die Paprikaschote waschen, putzen und die Samen entfernen, das Fruchtfleisch in feine Streifen schneiden. Zwiebeln und Knoblauch abziehen, fein schneiden und mit den Paprikastreifen zum Gemüse in die Schüssel geben. Den Ingwer waschen, dünn schälen und fein über das Gemüse reiben.

4 Die Senfsamen in das Glas geben, die Gemüsemischung einfüllen, bis ca. 4 cm unter den Glasrand stampfen, bis Saft austritt. Etwas Salzlake zugeben, bis die Flüssigkeit 1 cm über dem Gemüse steht.

5 Den Abstandhalter mit Wasser füllen, auf das Gemüse setzen, leicht andrücken und das Glas mit einem Schraubdeckel (locker) oder mit Folie (fest) verschließen.

6 Die Mischung bei Zimmertemperatur etwa 1 Woche gären lassen. Einmal pro Tag den Deckel leicht öffnen und das Kohlendioxid entweichen lassen. Wenn die Gärung beendet ist, das Ferment im Kühlschrank aufbewahren.

Kürbis mit Ingwer und Apfel

Dieses herbstlich-würzige Ferment passt sehr gut zu einem aromatischen Schmorbraten mit Wild oder Lamm.

Foto auf Seite 52 vorne
Arbeitszeit: 30 Minuten
Gärzeit: 6–7 Tage
Lagerzeit: mindestens 6 Monate

Gärgefäß: 1 Glas à 1 Liter
Abstandhalter
500–600 g Hokkaidokürbis
2 Äpfel
2 EL Rosinen
1 große Schalotte
1–2 Knoblauchzehen
1–2 cm frische Ingwerwurzel
1–2 kleine Stücke Zimtstange
evtl. 1–2 EL Granatapfelkerne
2%ige Salzlake

1 Glas, Abstandhalter und Arbeitsgeräte heiß spülen und abtropfen lassen.

2 Den Kürbis waschen, zerteilen und in 2 cm große Würfel schneiden. Die Äpfel waschen, von den Kerngehäusen befreien und klein würfeln.

3 Die Rosinen mit warmem Wasser übergießen und einige Minuten aufquellen lassen.

4 Schalotte und Knoblauch abziehen und längs in dünne Scheiben schneiden. Die Ingwerwurzel dünn schälen und fein würfeln.

5 Kürbis, Apfel, Rosinen, Schalotte, Knoblauch, Ingwer, Zimtstangen und gegebenenfalls Granatapfelkerne in das Glas füllen, bis 4 cm unter den Rand festdrücken und mit der Salzlake auffüllen, bis das Gemüse bedeckt ist.

6 Den Abstandhalter mit Wasser füllen, auf das Gemüse setzen, leicht andrücken und das Glas mit einem Schraubdeckel (locker) oder mit Folie (fest) verschließen.

7 Die Kürbismischung 6–7 Tage fermentieren lassen. Einmal pro Tag den Deckel leicht öffnen und das Kohlendioxid entweichen lassen. Wenn die Gärung beendet ist, das Glas im Kühlschrank aufbewahren und noch 1–2 Wochen nachgären lassen, dabei intensiviert sich der Geschmack und der Kürbis wird etwas weicher.

Hühnchen mit Kokos-Blumenkohlcurry

Die pikante Säure im Gemüse ergänzt das cremige-scharfe Curry perfekt. Die Süße des Apfels rundet den Geschmack harmonisch ab. Als Beilage passt am besten Reis, z. B. Basmati- oder Duftreis.

Arbeitszeit: 30 Minuten

Für 2 Portionen

200 g Hähnchenfilet oder Oberkeulen ohne Haut
1 EL Kokosöl
1–2 Schalotten
1–2 Knoblauchzehen
1 kleiner Zucchini
½ rote Paprikaschote
1 kleiner Apfel oder 2–3 EL Apfelpüree
250 ml Kokosmilch
1–2 TL Currypulver
4–5 EL fermentiertes Blumenkohl-Curry, Seite 64
1–2 TL Zitronen-Ingwer-Knoblauch-Paste, Seite 84
1–2 TL Ingwer-Kurkuma-Paste, Seite 83
Salz

1 Das Hühnerfleisch in mittelgroße Stücke schneiden und im Öl anbraten.

2 Schalotten und Knoblauch abziehen, in feine Streifen schneiden und gemeinsam mit dem Fleisch weiterbraten.

3 Die Zucchini waschen, längs vierteln und in 5 mm dicke Stücke oder Würfel schneiden.

4 Die Paprikaschote waschen, die Samen entfernen und die Schote etwa 1 cm groß würfeln. Zucchini und Paprika in die Pfanne geben und mitbraten.

5 Den Apfel schälen, fein würfeln und dazugeben. Die Kokosmilch zugießen, das Currypulver einrühren. Alles 4–5 Minuten bei kleiner Hitze leicht einkochen lassen.

6 Die Pfanne von der Platte nehmen. Das fermentierte Gemüse dazugeben. Die Würzpasten einrühren und mit Salz abschmecken.

Bunte Gemüsebowl mit Couscous

Arbeitszeit: 20 Minuten

Für 2 Portionen

1 Tasse (ca. 100 g) Couscous (Hartweizengrieß), alternativ gekochte Hirse oder Quinoa
1 Tasse heißes Wasser
1 Tasse fermentierte Tomatensauce oder Gemüseketchup, Seite 76 und 80
1–2 EL fermentierte Schalotten, Seite 22
1 TL fermentierter Chili, Seite 30
1 TL fermentierter Salzzitrone, Seite 82
einige grüne und bunte Salatblätter
1 EL Basilikumblätter oder andere Kräuter
1 Tomate
100 g Champignons
3 EL Olivenöl
1–2 EL Bratenreste, Schinkenstreifen oder Lachs
3–4 EL fermentierte Wassermelone oder Süßkartoffel, Seite 58 und 59
3–4 EL Fermentationslake z. B. von Schalotten
1 EL Rote-Bete-Meerrettich-Creme, Seite 86
1 EL Kapuzinerkresse-Kapern, Seite 31
einige Kapuzinerblüten, falls vorhanden

1 Den Couscous in eine Schüssel geben, mit heißem Wasser übergießen und 10–15 Minuten quellen lassen. Nach 10 Minuten Tomatensauce, Schalotten und Chili unterrühren. Die Salzzitrone fein schneiden und dazugeben.

2 Salatblätter und Kräuter waschen und abtropfen lassen. Die Tomate waschen und in Scheiben oder Spalten schneiden.

3 Die Pilze putzen, in Scheiben schneiden und in 1 EL Öl anbraten.

4 Bratenstücke, Schinken oder Lachs in Streifen schneiden.

5 Den gequollenen Couscous mit 1 EL Olivenöl vermischen und auf den Boden der Bowl geben. Die Bowl abwechselnd mit Salatblättern, Pilzen, Tomate, Braten, Schinken oder Lachs und Wassermelone- oder Süßkartoffelferment füllen.

6 Zum Schluss noch 1 EL Olivenöl und Lake darüberträufeln und einige Kleckse der Roten-Bete-Creme daraufsetzen. Mit Kapern überstreuen, die Blüten aufsetzen.

Melonensalat mit Schafskäse und Basilikum

Arbeitszeit: 30 Minuten

Für 2 Portionen

½ Galia- oder Cantalupe-Melone
5–6 EL fermentierte Wassermelone, Seite 59
2–3 EL fermentierte Gurkenstifte, Seite 25
2 EL kalt gepresstes Olivenöl
150–200 g Schafskäse
1 Tasse Basilikumblätter
Salz
frisch gemahlener Pfeffer

Die Melone in Schnitze schneiden, die Kerne entfernen, die Schale dünn abschälen, das Fruchtfleisch würfeln und in eine Schüssel geben. Fermentierte Melone und Gurke sowie das Öl dazugeben, alles vermischen und etwas ziehen lassen. Den Käse würfeln, die Basilikumblätter waschen und trocken tupfen, beides kurz vor dem Servieren untermischen und mit Pfeffer und Salz abschmecken. Die Kombination von süßer und fermentierter Melone ergibt eine sehr pikante Note.

Pastrami-Sandwich mit buntem Gemüse

Arbeitszeit: 5 Minuten

Für 2 Portionen

2 Scheiben Bauernbrot oder 2 Baguettebrötchen
10 g Butter
1–2 TL Senf
4 Scheiben Pastrami oder Kasslerschinken
2 EL fermentierter bunter Gemüsesalat, Seite 66

Das Brot mit Butter und Senf bestreichen. Die Fleischscheiben darauflegen und mit dem Gemüsesalat garnieren.

Kartoffelgemüse mit Rettich

Dieses vegetarische Kartoffelgericht, das traditionell mit Essig zubereitet wird, schmeckt in der Variante mit milchsaurem Gemüse milder, zudem hat es mehr gesundheitliche Vorteile.

Arbeitszeit: 15 Minuten
Kochzeit: 15–20 Minuten

Für 2 Portionen

500 g mehlig kochende Kartoffeln, möglichst am Vortag gekocht
1 Zwiebel
20 g Butterschmalz
1–2 TL gekörnte Gemüsebrühe
2 EL Schmand oder Crème fraîche
Salz
frisch gemahlener Pfeffer
1 Prise Muskat
2–3 EL fermentierte Rettich- oder Möhrenstifte, Seite 24, 42, Krautsalat, Seite 56 oder ein anderes fermentierte Gemüse
Petersilie oder Schnittlauch, fein geschnitten

Die Kartoffeln schälen und in 3–4 mm dicke Scheiben schneiden. Die Zwiebel schälen, fein würfeln und im Schmalz andünsten. Die Kartoffeln dazugeben, die Gemüsebrühe mit 1–2 Tassen Wasser dazugeben und die Kartoffeln zugedeckt bei mittlerer Hitze 10–15 Minuten gar kochen, bei Verwendung von gekochten Kartoffeln nur 5 Minuten erhitzen. Schmand oder Crème fraîche einrühren und das Gemüse mit den Gewürzen abschmecken. Das Kartoffelgemüse von der Platte nehmen, das fermentierte Gemüse einrühren und mit den Kräutern bestreuen.

Nudel-Gemüse-Salat

Ein schneller Beilagensalat für ein sommerliches Picknick oder als Beilage zu Fisch oder Fleisch. Zum Salat passen sehr gut Thunfisch, eingelegte Makrelen oder Sardinen.

Arbeitszeit: 20 Minuten

Für 2 Portionen

- 100 g dünne Spaghetti
- 100 g Zucchini oder Auberginen
- 1 EL Olivenöl zum Braten
- 1 Knoblauchzehe, fein geschnitten
- 100–150 g fermentierte Ratatouille, Seite 62
- 100 g fermentierter Stangensellerie, Seite 26
- 2 EL grüne oder schwarze Oliven
- 1–2 EL fermentierte Zwiebeln, Seite 22
- 1 EL fermentierte Kapuzinerkressesamen, Seite 31 oder Kapern
- 1 EL fermentierte Salzzitronen, Seite 82
- 2 EL kaltgepresstes Olivenöl
- Pfeffer, frisch gemahlen
- 2 EL Sonnenblumen- oder Pinienkerne
- 1 Tasse Basilikumblätter

1 Die Nudeln in kochendem Salzwasser bissfest garen.

2 Zucchini oder Auberginen in 5–7 mm dicke Würfel schneiden und würfeln.

3 Das Öl in einer Pfanne erhitzen und die Gemüsewürfel mit dem Knoblauch darin anbraten.

4 Die Nudeln abgießen, abtropfen lassen, in eine Schüssel geben und mit dem gebratenen Gemüse vermischen.

5 Alle fermentierten Zutaten sowie die Oliven dazugeben, dabei nur wenig Fermentierlake aus den Gläsern mitnehmen.

6 Öl und Pfeffer dazugeben und mit Salz abschmecken.

7 Die Kerne ohne Fett goldbraun rösten. Das Basilikum waschen, trocknen und mit den Kernen über das Gericht streuen.

Rezepte von Seite 83, 84, 85

Würzsaucen und -pasten

Konservieren durch Fermentieren ist ideal für die Herstellung von Saucen und Pasten, da man sie zum Würzen unterschiedlichster Gerichte das ganze Jahr über verwenden kann. Bereichern Sie sommerliche Tomatengerichte, würzen Sie Fleisch und Salate beim Grillen, oder geben Sie dem täglichen Abendessen ein bisschen mehr Pepp.

Bei pürierten Lebensmitteln hilft ein Abstandhalter nicht viel, daher die Pasten und Saucen jeden Tag durchrühren und mit einem Löffel nach unten drücken.

Die fermentierten Saucen und Pasten

... und die Rezepte für ihre Verwendung

Tomaten-Kräutersauce

Nutzen Sie die Tomatenschwemme im Sommer, um einen Vorrat an Tomatensauce für Grillsaucen, Pizza, Pasta und Ketchup anzulegen. Garantiert wenig Aufwand, dafür voller gesunder Genuss für Herbst und Winter. Geben Sie die Sauce erst zum Schluss zu den Nudeln, damit die darmfreundlichen Bakterien überleben. Um das Aroma zu intensivieren können Sie noch einige getrocknete Tomaten oder Tomatenmark dazugeben.

Arbeitszeit: 10 Minuten
Gärzeit: 3–4 Tage
Lagerzeit: 3–4 Monate

Gärgefäß: 1 Glas à 500–600 ml
500 g reife, aromatische Tomaten
20 g Salz (4 gestrichene TL)
½ TL Zucker
1 rote Paprikaschote, ca. 200 g
1 Stück Chilischote, Menge nach Schärfe
2 Schalotten
2 Knoblauchzehen
1 süßer Apfel
1–2 TL Senfsamen
1 EL Basilikum- oder Petersilienblätter
einige Rosmarin- oder Thymianzweige
3%ige Salzlake
2–3 EL Olivenöl

1 Glas und Arbeitsgeräte heiß spülen und abtropfen lassen.

2 Die Tomaten waschen, vierteln, Stielansatz entfernen. Die Viertel ins Glas geben und mit Salz und Zucker vermischen.

3 Paprika- und Chilischote waschen, Stielansätze und Samen entfernen, das Fruchtfleisch fein schneiden. Schalotten und Knoblauch abziehen und in dünne Scheiben oder Würfel schneiden.

4 Den Apfel waschen, schälen, vierteln, Kerngehäuse entfernen und das Fruchtfleisch fein würfeln. Basilikum oder Petersilie waschen und abtropfen lassen.

5 Die Tomaten mit einem Stampfer zerdrücken, bis Saft austritt. Paprika, Chili, Schalotten, Knoblauch, Apfel und Senfsamen dazugeben und mit den Tomaten vermischen. Basilikum oder Petersilie grob schneiden und dazugeben.

6 Die Kräuterzweige seitlich und in die Mitte ins Glas stecken, so dass man sie später leicht entfernen kann. Alles gut bis ca. 4 cm unter dem Rand festdrücken. Mit der Salzlake auffüllen, bis alles Gemüse gut bedeckt ist.

Für **Tomatenketchup** die Masse zusätzlich mit 1–2 EL Zucker, Zimt, Nelkenpulver und Balsamicoessig würzen und pürieren. Um die Sauce dickflüssiger zu machen, mit 1–2 TL Pektin eindicken. Nehmen Sie ein Glas mit weitem Hals, um direkt im Glas zu pürieren.

7 Das Glas mit einem Schraubdeckel (locker) oder mit Folie (fest) verschließen.

8 Das Gemüse bei Zimmertemperatur 3–4 Tage vergären lassen, dabei die Creme jeden Tag durchrühren und mit einem Löffel nach unten drücken.

9 Wenn die Gärung beendet ist und keine Bläschen mehr aufsteigen, die harten Kräuterzweige entfernen und die Masse mit einem Mixstab im Glas pürieren.

10 Das Olivenöl einrühren, die Tomatensauce abschmecken und in kleinere Schraubgläser umfüllen.

11 Wenn die Gläser länger als 1 Monat gelagert werden sollen, noch 1–2 EL Olivenöl als Abschluss auf die Sauce geben. Dadurch wird die Konservierung stabiler.

Meerrettich

Lieben Sie frischen Meerrettich? Dann probieren Sie diese Art der konservierenden Zubereitung. Aus fermentiertem Meerrettich können Sie sowohl Meerrettichcreme als auch -sauce in wenigen Minuten zubereiten.

Arbeitszeit: 15 Minuten
Gärzeit: 5–7 Tage
Lagerzeit: 3–4 Monate

Gärgefäß: 1 Glas à 250–300 ml
250 g frische Meerrettichwurzel
1 gestrichener TL Salz (5 g)
1–2 EL Essig, z. B. naturtrüber Apfelessig
2%ige Salzlake

1 Glas und Arbeitsgeräte heiß spülen und abtropfen lassen.

2 Die Meerrettichwurzel dünn schälen, in grobe Würfel schneiden und mit Salz und Essig in einen kleinen Mixbecher geben und fein zerkleinern.

3 So viel Salzlake dazugeben, dass eine sämige Masse entsteht.

4 Das Glas locker verschließen und 5–7 Tage bei Zimmertemperatur vergären lassen. Die Masse jeden Tag durchrühren und mit einem Löffel nach unten drücken. Nach der Gärung in den Kühlschrank stellen.

Für 2 Portionen **Meerrettichcreme** 2–4 EL fermentierten Meerrettich mit 4–6 EL saurer Sahne, Schmand oder Crème fraîche verrühren, mit Zucker abschmecken.

Für 2 Portionen **Meerrettichsauce** 1 EL Butter in einem kleinen Topf schmelzen, 1 EL Mehl dazugeben und anschwitzen. 150–200 ml Gemüsebrühe angießen, glatt rühren und 2–3 Minuten bei schwacher Hitze köcheln lassen. Den Topf vom Herd nehmen und 4–6 EL saure Sahne, 1–2 EL fermentierten Meerrettich und eine Prise Zucker einrühren.

Mittelscharfer Senf

Machen Sie doch mal Ihren Senf selbst, eine kleine Grundausstattung reicht aus, um Ihren Lieblingssenf zu kreieren.

Arbeitszeit: 10 Minuten
Gärzeit: 2–3 Tage
Lagerzeit: mindestens 6 Monate

Gärgefäß: 1 Glas à 300–400 ml (für ca. 400 g Senf)
100 g gelbe Senfsamen oder Senfmehl
1 Knoblauchzehe
1 EL Honig oder brauner Zucker
1 TL Kurkumapulver
50 ml naturtrüber Apfelessig
1–2 EL Weißwein, ersatzweise Brottrunk oder Apfelsaft
3%ige Salzlake

1 Glas und Arbeitsgeräte heiß spülen und abtropfen lassen.

2 Senfsamen oder Senfmehl in das Glas geben.

3 Die Knoblauchzehe abziehen, sehr fein schneiden oder pressen und mit Honig oder Zucker und Kurkuma dazugeben.

4 Apfelessig und Weißwein dazugeben und mit 100 ml Salzlake gründlich verrühren. Die Flüssigkeit soll immer über den Samen stehen, die noch aufquellen.

5 Das Glas locker verschließen und 2–3 Tage bei Zimmertemperatur fermentieren lassen. Dabei jeden Tag durchrühren und mit einem Löffel nach unten drücken. Sollte die Flüssigkeit aufgesogen sein, noch etwas Salzlake dazugeben und einrühren. Nach der Gärung im Kühlschrank aufbewahren.

6 Bei Verwendung von Senfkörnern den Senf ganz oder teilweise pürieren, je nach gewünschter Konsistenz und Optik.

7 Da Senf immer etwas nachquillt, nach Bedarf mit etwas Salzlake verdünnen.

Gemüseketchup

Dieser Ketchup eignet sich als Basis für Salatsauce, Suppen oder als frischer Dip zu vielen Gerichten.

Arbeitszeit: 20 Minuten
Gärzeit: 5–6 Tage
Lagerzeit: 2–3 Monate

Gärgefäß: 1 Glas à 700 ml, ideal ist ein gerades hohes Glas
200 g Zucchini
1 Paprikaschote, gelb oder grün
30 g Stangensellerie, frisch oder fermentiert, Seite 26
1 Schalotte
1–2 Knoblauchzehen
1 TL mittelscharfer Senf, Seite 79
125 ml Wasser
1 gestrichener TL Salz (5 g)
1 Prise Zucker
3%ige Salzlake

1 Glas und Arbeitsgeräte heiß spülen und abtropfen lassen.

2 Zucchini, Paprika und Sellerie waschen, putzen, beim Paprika die Samen entfernen.

3 Schalotte und Knoblauch abziehen.

4 Alle Zutaten grob zerteilen, in einen Mixbecher geben und mit Senf, Wasser, Salz und Zucker fein pürieren.

5 Das Püree bis 4 cm unter den Rand in das Glas füllen. Das Glas mit einem Schraubdeckel (locker) oder mit Folie (fest) verschließen.

6 Den Gemüseketchup bei Zimmertemperatur 3–5 Tage vergären lassen, dabei die aufsteigende Masse einmal pro Tag verrühren und mit einem Löffel nach unten drücken.

7 Nach abgeschlossener Gärung im Kühlschrank aufbewahren.

Gemüse-Würzpaste

Gemüsewürze als Ersatz für Brühwürfel oder gekörnter Brühe können Sie ganz einfach durch Fermentieren selbst herstellen. Die Würzpaste einfach gegen Ende der Garzeit den Gerichten zugeben. Die Speise vorher nicht salzen, sondern erst am Schluss mit Salz abschmecken.

Arbeitszeit: 30 Minuten
Gärzeit: 3–4 Tage
Lagerzeit: mehrere Monate bis 1 Jahr

Gärgefäß: 1 Glas à 300–400 m
250–300 g Suppengemüse, z. B. Möhren, Sellerie, Petersilienwurzel, Lauch
beliebige Kräuter
1 Zwiebel
2–3 Knoblauchzehen
2–3 cm Ingwerwurzel
15–20 g Salz (3–4 gestrichene TL)
1–2 TL gelbe Senfsamen
1 TL Kurkuma

1 Glas und Arbeitsgeräte heiß spülen und abtropfen lassen.

2 Das Suppengemüse waschen, putzen, abtropfen lassen und klein schneiden. Die Kräuter waschen, trocknen, grob klein schneiden oder bei harten Stielen die Blättchen abzupfen. Zwiebel und Knoblauch abziehen und klein schneiden. Den Ingwer dünn schälen und reiben. Alles zusammen mit Salz und Senfsamen mit einem Pürierstab oder in einem Kleinmixer fein zerkleinern.

3 Das Gemüse bis 3 cm unter den Rand in das Glas füllen, gut festdrücken, bis Flüssigkeit sichtbar wird. Mit 2%iger Salzlake auffüllen, bis das Gemüse ganz bedeckt ist.

4 Das Glas mit einem Schraubdeckel (locker) oder mit Folie (fest) verschließen.

5 Die Gemüsepaste 3–4 Tage fermentieren lassen, dabei die Masse täglich durchrühren und mit einem Löffel nach unten drücken. Nach der Gärung im Kühlschrank aufbewahren.

Salzzitronen

Dieses Rezept, bei dem die Zitronen zerkleinert werden, ist mein Favorit für diesen mediterranen Klassiker. So lassen sich auch kleinere Portionen entnehmen. Salzzitronen sind ein raffiniertes Würzmittel für Saucen, Dips, Salate, Pasta, Reis, Schmorgerichte, Fisch und Gemüsegerichte. Sie entwickeln mit zunehmender Lagerdauer ein intensiveres Aroma.

Arbeitszeit: 30 Minuten
Gärzeit: 2–3 Wochen
Lagerzeit: mehrere Monate bis 1 Jahr

Gärgefäß: 1 Glas à 250–300 ml
250 g Bio-Zitronen, mit möglichst dünner Schale, wie z. B. Meyer-Zitronen
2 TL Salz (12 g)
1–2 TL Zucker (8 g)
nach Belieben: Chilischoten, rote Pfefferbeeren, Zimt, Vanille
3%ige Salzlake
Olivenöl

1 Glas und Arbeitsgeräte heiß spülen und abtropfen lassen.

2 Die Zitronen mit warmem Wasser gründlich abwaschen und trocknen.

3 Die Früchte in 2–3 mm dünne Scheiben oder Stückchen schneiden bzw. hacken und mit Salz, Zucker und nach Belieben Gewürzen vermischen und etwas Saft ziehen lassen.

4 Die Zitronen ins Glas füllen und gut einpressen. Mit Salzlake auffüllen, bis die Flüssigkeit 1 cm über der Masse steht.

5 Das Glas mit einem Schraubdeckel (locker) oder mit Folie (fest) verschließen.

6 Die Zitronen 2–3 Wochen bei Zimmertemperatur fermentieren lassen, dabei die Masse täglich umrühren und mit einem Löffel nach unten drücken.

7 Nach der Gärung im Kühlschrank aufbewahren. Dabei erfolgt die weitere Fermentation, bei der sich das Aroma verstärkt.

Anstelle von Zitronen können Sie auch Limetten verwenden.

Ingwer-Kurkuma-Paste

Die ideale Würzpaste für Currys und asiatische Gerichte.

Foto auf Seite 74
Arbeitszeit: 20 Minuten
Gärzeit: 6–8 Tage
Lagerzeit: mindestens 6 Monate

Gärgefäß: 1 Glas à 200–250 ml
100 g möglichst junge Ingwerwurzel
50 g Kurkumawurzel
2,5–3 g Salz (ca. ½ TL)
1 Prise Zucker
2%ige Salzlake

1 Glas, Abstandhalter und Arbeitsgeräte heiß spülen und abtropfen lassen.

2 Ingwer- und Kurkumawurzel gründlich waschen, bei fester Schale dünn schälen oder abschaben. Die Wurzeln in grobe Stücke schneiden und in einen Kleinmixer geben. Mit Salz und Zucker fein zerkleinern.

3 Die Mischung in das Glas füllen und gut einpressen. Mit Salzlake auffüllen, bis die Flüssigkeit 1 cm über der Masse steht.

4 Das Glas mit einem Schraubdeckel (locker) oder mit Folie (fest) verschließen und die Paste 6–8 Tage vergären lassen, dabei täglich umrühren und mit einem Löffel nach unten drücken. Nach der Gärung im Kühlschrank aufbewahren.

Zitronen-Ingwer-Knoblauch-Paste

Das Universalgewürz zum Kochen. Für einen schnellen Dip mit Crème fraîche oder Joghurt verrühren.

Foto auf Seite 74
Arbeitszeit: 25 Minuten
Gärzeit: 5–7 Tage
Lagerzeit: mindestens 6 Monate

Gärgefäß: 1 Glas à 200–250 ml
1 kleine Bio-Zitrone, etwa 150 g
25 g Ingwerwurzel, möglichst junger, zarter Ingwer (etwa ein 8 cm Stück)
20 g Knoblauchzehen (4–5 Stück)
1 TL Salz (4–5 g)
5 g Zucker
2–3%ige Salzlake

1 Glas und Arbeitsgeräte heiß spülen und abtropfen lassen.

2 Die Zitrone gründlich mit warmem Wasser waschen, grob zerteilen. Die Ingwerwurzel gründlich waschen, dünn schälen und grob würfeln. Die Knoblauchzehen abziehen und grob würfeln.

3 Zitrone, Ingwer und Knoblauch mit Salz und Zucker in einem Kleinmixer zerkleinern.

4 4–5 EL Salzlake zugeben und zu einer cremigen Paste pürieren.

5 Das Glas mit einem Schraubdeckel (locker) oder mit Folie (fest) verschließen und 4–5 Tage vergären lassen. Dabei täglich umrühren und die aufsteigende Masse nach unten drücken. Die Paste im Kühlschrank noch 1–2 Wochen nachgären lassen.

Bärlauch-Würzpaste

Nach diesem Rezept können Sie z. B. auch Basilikum, Petersilie, Kerbel und andere Küchenkräuter zu einer gut haltbaren Würzpaste verarbeiten. Damit können Sie schnell Pesto oder Kräuterbutter herstellen.

Foto auf Seite 74 Mitte
Arbeitszeit: 15 Minuten
Gärzeit: 10–14 Tage
Lagerzeit: 10–12 Monate

Gärgefäß: 1 Glas à 300–400 ml
200 g frische Bärlauchblätter
4 g Salz
2 TL Zucker (10 g) oder 1–2 EL Fermentierlake

1 Glas und Arbeitsgeräte heiß spülen und abtropfen lassen.

2 Die Bärlauchblätter gründlich waschen, in einem Sieb abtropfen lassen, auf ein frisches Geschirrtuch legen, ein zweites Tuch auflegen und dieses mit beiden Händen andrücken, um die Blätter zu trocknen.

3 Die Blätter grob schneiden und in ein Zerkleinerungsgerät geben. Salz und Zucker oder Lake dazugeben, alles zu einer feinen Masse pürieren, in das Glas umfüllen und mit einem Löffel oder Stampfer fest andrücken, bis Saft austritt.

4 Das Glas mit einem Schraubdeckel (locker) oder mit Folie (fest) verschließen und die Paste 10–14 Tage vergären lassen. Dabei täglich umrühren und mit einem Löffel nach unten drücken. Das Glas nach Ende der Gärung im Kühlschrank aufbewahren.

Für **Bärlauchbutter** 50–100 g weiche Butter mit 1–2 EL Bärlauch-Würzpaste und 1 Prise Salz verrühren. Im Kühlschrank fest werden lassen.

Für **Bärlauchpesto** 50 g Bärlauch-Würzpaste mit 1–2 EL geriebenem Parmesan, 1–2 EL Olivenöl, 1–2 EL 3%iger Salzlake in einem kleinen Schraubglas verrühren. Das Pesto maximal 1 Woche im Kühlschrank aufbewahren.

Lauwarmer Weißwurstsalat mit süßem Senf

Arbeitszeit: 15 Minuten

Für 2 Portionen

4 Weißwürste
2 EL süßer Senf
1 EL fermentierter Meerrettich, Seite 78
1–2 EL kaltgepresstes Öl
3–4 EL Ferment von rotem Rettich oder Radieschen, Seite 24, 23
1 kleiner Apfel
einige grüne Salatblätter

Die Weißwürste erhitzen, leicht abkühlen lassen, pellen und in Scheiben oder Streifen schneiden. Senf, Meerrettich und Öl in einer Schüssel verrühren. Die Weißwurstscheiben und das Fermentgemüse dazugeben, untermischen und ziehen lassen. Den Apfel schälen und fein würfeln. Die Salatblätter waschen, abtropfen lassen und in Streifen schneiden. Alle Zutaten vermischen und den Salat abschmecken.

Rote-Bete-Meerrettich-Creme

Diese dekorative, scharfwürzige Creme passt als Brotaufstrich, als Begleitung zu Fleisch, Fisch, Ei, Gemüse, Gemüse-Bowl mit Couscous und grünen Salaten und lässt sich aus zwei Basis-Fermenten in wenigen Minuten herstellen.

Arbeitszeit: 5 Minuten
Haltbarkeit: etwa 1 Woche im Kühlschrank

Für 1 kleines Glas à 150–200 ml
1–2 EL fermentierter Meerrettich, Seite 78
2 EL fermentierte rote Bete, Seite 46
2–3 EL Schmand oder Crème fraîche

Meerrettich und rote Bete im Kleinmixer fein pürieren und in ein kleines Schraubglas geben. Schmand oder Crème fraîche mit einem kleinen Löffel untermengen (nicht mehr mixen, wird sonst zu flüssig).

Pasta mit fermentierter Tomatensauce

Arbeitszeit: 25 Minuten

Für 2 Portionen

125 g Spaghetti
1 Schalotte
1 Knoblauchzehe
1–2 EL Olivenöl
1 mittelgroße Zucchini
1–2 Scheiben Bratenreste, geräucherter Frühstücksspeck oder Pastrami
4–5 EL fermentierte Tomatensauce, Seite 76
Basilikum- oder Petersilienblättchen
Parmesan, frisch gerieben

Für die Nudeln 1–2 Liter Wasser zum Kochen bringen, salzen und die Nudeln bissfest kochen. Schalotte und Knoblauch abziehen und in dünne Scheiben oder Würfel schneiden, im Öl glasig braten. Die Zucchini waschen und in Spiralstreifen oder feine Streifen schneiden, zum Öl geben und 2–3 Minuten bei schwacher Hitze dünsten. Bratenreste oder Speck in Streifen schneiden und untermischen. Die Pfanne vom Herd nehmen, die Sauce einrühren und nur leicht erwärmen. Kräuter und Käse darüberstreuen.

Meerrettich-Kartoffel-Gemüse

Arbeitszeit: 15 Minuten

Für 2 Portionen

350 g festkochende Kartoffeln, möglichst als Pellkartoffeln vorgekocht
300 ml Brühe oder Sahne
50–100 g fermentierter Meerrettich, je nach gewünschter Intensität, Seite 78
Petersilie oder Schnittlauch

Die Kartoffeln pellen und in 5 mm dünne Scheiben schneiden. Brühe oder Sahne erhitzen, die Kartoffeln hineingeben. Den Meerrettich dazugeben, einrühren und abschmecken. Die Kräuter waschen, fein schneiden und überstreuen. Zusätzlich können Sie noch etwas fermentiertes Gemüse nach Wahl zugeben.

Zanderfilet mit Chili

Foto auf Seite 3
Arbeitszeit: 20 Minuten

Für 2 Portionen

2 mittelgroße Zanderfilets
1 EL Mehl
2 EL Butterschmalz
4 TL Salzzitronen, Seite 82
1 TL fermentierte Chilis, Seite 30
1–2 EL fermentierte Radieschen oder Rettich, Seite 23, 24

Die Fischfilets waschen, trocken tupfen, salzen und leicht mehlieren. Das Butterschmalz in einer Pfanne erhitzen und die Filets bei mittlerer Hitze 3–4 Minuten auf jeder Seite braten. Die Filets an die Seite schieben, Zitronen- und Chilistücke in die Pfanne geben und in der Butter leicht erwärmen. Die Filets auf die Teller legen und etwas Zitronen-Chili-Mischung daraufgeben. Mit Radieschen- oder Rettichferment garnieren. Dazu passen Nudeln, Reis oder Kartoffeln, idealerweise am Tag zuvor gekocht. Diese einfach in etwas Butter oder Olivenöl erwärmen und dazu servieren.

Schnelle Gemüsesuppe

Arbeitszeit: 5 Minuten

Für 2 Portionen

½ Liter Wasser
1 Möhre, in Stifte hobeln
1 EL fermentierte Gemüse-Würzpaste, Seite 81
1–2 EL Öl oder Sahne

Das Wasser zum Kochen bringen. Die Möhrenstifte dazugeben und 2–3 Minuten kochen. Den Topf von der Platte nehmen, leicht abkühlen lassen. Die Gemüsepaste dazugeben. Öl oder Sahne einrühren und die Suppe mit Salz abschmecken. Nach Belieben frisch geröstete Croutons überstreuen.

Spaghetti mit Zitronensauce

Arbeitszeit: 30 Minuten

Für 2 Portionen

125 g Spaghetti oder Tagliatelle
1 Schalotte
1 Knoblauchzehe
1–2 EL Olivenöl
100 g Zucchini, Lauch oder 2 Frühlingszwiebeln
1–2 EL Salzzitronen, Seite 82
2–3 EL Sahne
1–2 EL Parmesan, frisch gerieben
Basilikum- oder Petersilienblättchen

Für die Nudeln 1–2 Liter Wasser zum Kochen bringen, salzen und die Nudeln bissfest kochen. Beim Abgießen das Nudelkochwasser auffangen. Schalotte und Knoblauch abziehen, in dünne Scheiben oder Würfel schneiden und im Öl in einer Pfanne glasig dünsten. Zucchini, Lauch oder Frühlingszwiebeln waschen und in Streifen schneiden. Ebenfalls in die Pfanne geben und 2–3 Minuten bei schwacher Hitze dünsten. Die Nudeln einrühren und kurz erhitzen, dann die Pfanne von der Platte ziehen. Die Salzzitronen mit Sahne, 1 EL Parmesan und etwas Nudelkochwasser verrühren, dann ebenfalls in die Pfanne einrühren und nur leicht erwärmen. Den restlichen Parmesan und die Kräuterblättchen überstreuen. Nach Belieben noch mit einer Messerspitze Salzzitronen garnieren. Dazu passen 1–2 EL fein geschnittener Speck, Schinken oder kalter Braten.

Alphabetisches Rezeptregister

Die Fermente

... und die Rezepte für ihre Verwendung

Sachwortregister

IMPRESSUM

1. Auflage

ISBN 978-3-8094-4547-0

Umschlaggestaltung: Atelier Versen, Bad Aibling
Herstellung: Elke Cramer
Bildredaktion: Bele Engels
Projektleitung: Anja Halveland

Bildnachweis: Dirk Przibylla/VestaLaurenz: Foodshooting (Rezepte und Stills):
S. 2./S. 3/S. 17/S. 18/S. 20/S. 29/S. 33/S. 36/S. 43/S. 45/S. 47/S. 49/S. 50/S. 52/S. 57
S. 63/S. 64/S. 65/S. 69/S. 71/S. 74/S. 81/S. 83/S. 84/S. 88/S. 89
Istockphoto: Shaiith/S. 23, Voren1/S. 31, scisettialfio/S. 39, skrinka74/S. 72,
Polina Shurygina/S. 77
Stockfood: © StockFood / Eising Studio - Food Photo & Video/S. 10,
© StockFood / Gräfe & Unzer Verlag / Fotos mit Geschmack /S. 24
Johanna Handschmann: S. 4/S. 8/S. 13/S. 14/S. 19/S. 51

Satz und Layout: Thiel Nadine, kreativsatz, Baldham
Reproduktion: Mohn Media Mohndruck GmbH, Gütersloh
Druck und Bindung: Mohn Media Mohndruck GmbH, Gütersloh

Penguin Random House Verlagsgruppe FSC® N001967

	BASISFERMENTE	KLASSIKER	FARBEN-FROHE KOMBIS	SAUCEN & PASTEN
Bohnenkerne -Salat	Zwiebel, Rettich	Möhre, Kimchi		
Burger	Zwiebel, Gurke, Kirschtomate			Senf, Tomaten-sauce
Couscous-Salat	Zwiebel, Gurke, Kirschtomate	Möhre, Paprika	Ratatouille	Salzzitrone
Eiersalat	Zwiebel, Gurkenstifte			Senf
Entrecote mit Senfsauce			Krautsalat	Senf
Flammkuchen, Pizza	Zwiebel	Paprika-streifen		Tomaten-sauce
Fondue mit Fleisch und Fisch	Zwiebel, Rettich	Spargel, Rote Bete	Gemüsesa-lat, Fenchel, Süßkartoffel	Zitronen-Ingwer-Knoblauch-Paste, Meerrettich-creme
Gemüsesalat mit Sardinen oder Thunfisch	Zwiebel, Kirschtomate	Paprika, Kimchi	Ratatouille	Salzzitronen
Herings-salat mit Pellkartoffeln	Zwiebel, Radieschen, Gurkenstifte	Rote Bete		Rote Bete-Meerrettich-creme
Kartoffelsalat	Zwiebel, Gurken-stifte, Stangensellerie, Rettichstifte		Fenchel	Senf, Zitronen-Ingwer-Knoblauch-Paste
Lachs mit Avocado, Blattsalat	Zwiebel, Gurke, roter Rettich	Rote Bete	Kimchi, Rettich	Meerrettich
Linsensuppe	Zwiebel	Rote Bete, Sauerkraut, Kimchi		Ingwer-Kurkuma-Paste